启真馆 出品

文化行者 | 主编 袁兆昌 严飞

我要的香港

严飞 著

ZHEJIANG UNIVERSITY PRESS
浙江大学出版社

图书在版编目（CIP）数据

我要的香港／严飞著.—杭州：浙江大学出版社，
2012.12
ISBN 978-7-308-10909-3

Ⅰ.①我… Ⅱ.①严… Ⅲ.①地方文化－文化研究－
香港 Ⅳ.①G127.658

中国版本图书馆CIP数据核字（2012）第297485号

我要的香港

严飞 著

责任编辑	赵琼	
装帧设计	八月之光	
出版发行	浙江大学出版社	
	（杭州天目山路148号 邮政编码310007）	
	（网址：http://www.zjupress.com）	
制 作	北京百川东汇文化传播有限公司	
印 刷	北京中科印刷有限公司	
开 本	880mm×1230mm 1/32	
印 张	8	
字 数	152千	
版 印 次	2012年12月第1版 2012年12月第1次印刷	
书 号	ISBN 978-7-308-10909-3	
定 价	32.00元	

代序　在推土机前种花

梁文道

　　我们多么希望香港也像海明威笔下的巴黎，只要你年轻的时候住过，它就永远跟着你，无论将来去到何处，它都一辈子活在你的心里。可是我们知道，事实往往并非如此。许多人来了，然后又走了，过客而已，香港不在他们身上留下一抹痕迹。就像马家辉所经常抱怨的，有些人来了，并且住下了，但他无论如何就是不会和这个地方发生任何关系的。或许他是一学者，在香港的公立大学里头享受着世界前列的好待遇，在大陆、台湾乃至于国际学术界上有头有脸；可他从来不愿意参与香港事务，不发言不表态，甚至连本地朋友也没几个，更别说学广东话了。对这类人而言，香港只是一个方便栖身之地而已。

　　再想下去，我不禁怀疑，"一个方便栖身之地"，这难道不正是这城市全力追求并且引以为豪的目标和定位吗？你不会粤语？没关系，我们会努力学好英语和普通话，让你方便到可以反过来批评我们英语不纯正普通话发音不灵光的地步。你不用和这个社会产生任何情感以至于认同上的联系，你只要懂得坐地铁和消费就够了，而香港的公共交通和购物环境都是一流的，绝不麻烦。别说外人了，就连我们这些本地人也都可以方便到虽声犬相闻但老死不相往来的境界。"唔好阻住人哋条路"，"唔好阻人发达"，

"唔好拖住经济发展嘅后腿";[1] 这城原来是一条道路，只是我们不一定知道它该通往何处而已。

万一，假如有这么一些来客，他不愿意只求方便，他还想往更深的地方靠近；那么他将会遇到些什么呢？

正在写这篇东西的时候，香港岭南大学学生会的选举出了一点风波。那位候选学生会主席的是位内地来的学生，这本来不像坏事——起码总算有人不想只是路过了。可他承认，他是一名共产党员。于是舆论起来了，他只好退选，放弃快将到手的职位。我不晓得他事后是否明白，这座被重重路网所掩盖的城市，本有一些不可触碰的硬核。不，问题不一定是表面友好之下的排外，而是这座城始终不可丢弃某些长年遭人忽视、遗忘，甚至以为它根本不存在的东西，而这些东西顽强地撑住了本地人的神经。好比关卡，即便你可以自由通行，但你不能否定这座关卡本身的价值。你能过来念书，你能过来工作，你能过来置业结婚生子，但是当关卡对你提出那些最根本也是最困难的问题的时候，你不可以回避，不可以默不作声。

当然，除了这些坚硬的核心，此城还有不少有如沾在易洁锅光滑锅面上的疙瘩，刷来冲去就是洗它不掉——我说的是书和写书的人。那些"二楼书店"，早被租金压到七楼十一楼去了，但它

---

[1]　用普通话讲就是："不好阻挡别人的路"，"不好阻挡别人发达"，"不好拖经济发展的后腿"。

硬是不绝种，多前仆后继。那些出书的人，明明知道自己的低鸣只会淹没在喧闹的车马声中，但他还要一千本一千本地印；只卖五百不要紧，至少卖了五百，不是吗？莫非香港的便利也给了这些人一个栖处？人家不管你，你也用不着管人。市场是这里的皇帝，然而帝力又于我何有哉？

严飞这部新作，我一页一页读下来，竟然有些感动。先是感动于这座城市，环境如此不利，但还是有这么多人在看书、写书、出书、卖书，他们究竟是为了什么？这里不是内地，知名作者可以享有不错的社会地位，一本新书的消息能够发布在几十份报刊上；这里没有掌声，你唯一听得见的反响通常是自己独白的回音。既然如此，他们为的是什么？

我又感动于严飞的明白和了解，一个内地来的年轻人，待过牛津、斯坦福，前途大好，可他念念不忘我的这座城市，我的香港。他想念的，居然就是那些书和人，香港之硬块。这么用心去为他们留下记录，回应他们发出的声音；严飞不只看到了香港的方便，而且还看到了香港的不便，甚至看得比绝大多数本地人还认真。离开之后，为什么他最怀念香港的书店，原因之一是香港的那个硬核使得这城意外成为三地书籍汇聚的结点（另一种香港的方便？）。但更重要的理由，我想，就像从一片水泥地的裂缝里勉力探出头来的小白花，这么稀少，这么显眼，比起繁花似锦的大花园，它的确更加叫人怜爱，也更加叫人难忘。

自序　对香港最大的留恋

在离开香港之前，很自然地被所有朋友问及一个相同的问题：你对香港最大的留恋是什么？

"书店。"每一次我都会毫不犹豫地回答。

这样的回答每一次也都会招来朋友们惊奇的眼光，他们接着会问我，你离开家乡南京，离开上大学的城市上海时，所留念的也是那里的书店吗？

对于这个问题，我反而犹豫了很长时间，似乎我最怀念的，反而是南京的城墙、上海的弄堂。不错，南京和上海，都有环境幽雅、适合消磨一个下午的宽敞大书店，也有大学周围那些小巧但充满文化气味的人文小书店。香港呢？那些逼仄杂乱、越搬越高、越高越少的二楼书屋，那些永远抢占畅销书榜前列的投资理财、运筹八卦、政治秘闻类杂书，以及那种越发凋敝的读书氛围和文化气息，似乎越来越成为我笔下批评的对象。

香港不是一座读书的城市，这似乎早已经以"公理"的形式成为人们的共识：香港太喧闹，太商业，太嘈杂；购物天堂、美食之乡、动感之都、国际金融中心，每一句耀眼的标语口号都在渲染着这座城市的动感新潮，它的物欲横流。按陈冠中的话说，香港社会的普遍心态，就是"没什么原则性的考虑、理想的包袱、历史的压力，不追求完美或眼界很大很宏伟很长远的东西"。到头来，大学教书的迷股票，媒体做报纸的搞网络，政府当官的帮忙催鼓楼市，却唯独缺少了沉得下心来的读书人，以及一座城市本该具有的地标性书店，譬如巴黎左岸的"莎士比亚书店"，旧金山的"城市之光"，纽约的"高谈书集"，费城的"博得书店"。所以台湾钟芳玲一本《书店风景》，里面没有提到香港，也是理所应该。

这不禁让我想起了 60 岁才开始写作的英国女作家佩内洛普·菲茨杰拉德（Penelope Fitzgerald），她一生只写过九部小说，却有三部入选过布克奖的短提名（shortlist）。在其中一部名为《书店》（*The Bookstore*）的小说里，菲茨杰拉德通过描述一位寡居老妇人弗萝伦丝（Florence）如何在一个不足千人的小镇上开书店的故事，来揭示出主人公"我就是想开一家书店"和"可是，那个小镇并不需要一家书店"的冲突与矛盾。在小说里，书店的存在与否，对于小镇上的居民来说甚至没有街边一只小狗的命运更受关注，所以当主人公决定在书店里引进《洛丽塔》一书时，遭受到的却是小镇居民的不理解，甚至嘲讽。

"要是《洛丽塔》是一本好书，我就要在我的店里卖它。"老太太如是想。一个人对书店最质朴的热爱，在另一些人看来，却只是一件荒谬而可笑的事情。没有书店的日子，生活是否会缺失什么呢？如果无所谓缺失的话，为什么还需要书店呢？其实这个偏僻的英国小镇就是一个隐喻，几乎可以代表着一切世故、保守、功利、过于物质和精明的城市，并且无一例外的，都"不需要一家书店"。

　　既然如此，为什么我还独独只会怀念香港的书店呢？这真是一个很有趣并吊诡的问题。难道是因为我外来者的身份，以及长期以来那被禁锢不可触及的华语图书，放大了我的这种认识？还是因为那零散分布在高楼大厦间，惨淡经营着一家家二楼书店小老板们的坚持，以及他们对香港的关切与责任感，感染了我对香港的热爱，进而爱屋及乌地也爱上了这里的书店？

　　对此，梁文道先生曾这样回答过我。在他看来，香港的书店就如同一小片一小片的绿洲，只有住惯沙漠的人才会敏感地知道绿洲的数量、方位与大小，并且以它们为每趟行程的重要标的。久而久之的，书店就会被当成自己最重要的梦想，并且会持之以恒、坚持不懈地去寻求。圣埃克苏佩里笔下的小王子就说过："沙漠很美，是因为在一个你不知道的地方藏着一口井。"

　　这是读书人的梦想，然而个人对于书店的留恋再过于热烈，放置在众声喧嚣的大众世界中也会显得如此之微不足道。书店就是沙漠中的那一口清凉井水，是每一个爱书人灵魂深处可以为之依托的一种精神上的体认，而这种体认也让一座城市的读书人得以找寻到属于自己的群体和空间，不至于迷失在乌托邦式的纯精神臆想之中。尤其对于香港而言，这份体认弥足珍贵。现实的浮躁与功利已经让香港头上那顶"文化沙漠"的帽子越戴越高，但那些在城市转角间、旧楼陋巷中毫不张扬的小书店，却是这座城市散发出的最后一束流光，温暖而柔软。

　　我希望这束流光可以继续保持着自己的光亮；如果再奢侈一些，我希望它还可以穿透这物质世界的种种流毒与阴霾，点燃我们心中的光亮。

2010 年 10 月

于斯坦福大学

目 录

| 这座不读书的城

| 在"文化沙漠"里看到绿洲

| 书影书话

这座不读书的城

热爱读书的痛苦

大概是因为自己这十年来都一直身处大学的缘故，再加之为自己所规划的职业发展，读书成了我每天必修的功课，书店和图书馆也成了我平时去的最多的地方。书读的多了，就自然会被朋友套上一个"读书人"的大帽子，然后再殷切地附加一句，这年头，坚守的读书人已经不多了。

这句话如若仔细推敲一下，似乎不仅仅只是在感慨浮躁升腾之下读书人的诸种不易，更有种将象牙塔里谋生的人等同于读书人的想当然。在很多人看来，做学问的必然都是皓首穷经，必然都是嗜书的"瘾君子"；而大学，因为其独有的人文主义气质和丰富的图书馆资源，也就成为所有读书人心目中最值得向往的读书场所。如果每天的工作就是随心所欲地读书、信手拈来地读书，岂不快哉？

然而在我看来，这样的"快哉"只不过是一个对于大学和大学教授这份职业过于善意的臆想罢了。随着在学院的圈子里待得越久，我反而越加深感"读书"是一种痛苦，而且这痛苦正在渐入骨髓，大有侵入肌理的趋势。当每天埋首于成堆的数据和书本之中，仅仅只是为了完成一篇研究性文章的文献综述而机械地找寻自己所需要的论点和论据时，我开始明白，我只不过是鲁迅笔下的职业读书者罢了，连半个读书人都不是！

　　鲁迅曾在《读书杂谈》里将读书分为两种，一种是职业的读书，一种是嗜好的读书。所谓职业的读书者，读书并非因兴趣而发，而只是一项不得不完成的任务，有微妙的利害关系，有排他的功利性，也有现实的紧迫感——文章发表当为首要，这关乎是否可以保住饭碗，是否可以获取职称资格乃至终身教职的关键所在。于是各种为迎合发表的"快速信道"、八股模板，乃至抄袭剽窃应运而生，而各种占山为王的学霸学阀也成为资源利益分配之下人人挤破了脑袋溜须拍马的学术主角。这样的读书，充其量只是为了给个人的名片添几个头衔，给大学的门面镀一层薄金，而其累加的破坏力却难以忽视。蔡元培先生 1918 年在北大开学演说中强调大学"为纯粹研究学问之机关，不可视为养成资格之所，亦不可视为贩卖知识之所"。然而遗憾的是，蔡先生理想中的大学治学之精神而今早已失魂落魄，大学独立之风骨亦已荡然无存，"养成资格之所"、"贩卖知识之所"反倒比比皆是。

　　后来自己选择来到香港，曾希冀这里可以不受各种既有潜规则的约束，自由地去读书。跟内地相比较，香港的学术规范自不待言，学术资源更是有着天壤之别，而内地学界的种种痼疾也因"一国两制"挡在了门槛之外。然而几年的香港学院生活待下来，却感觉香港的大学在制度上的僵化，以及过于强调教授职业本分之后在文化创造性上的束缚（即香港人常挂在嘴边的"打工仔"心态）。因为与国际接轨的缘故，只有发表在英文核心期刊上的论文才能被接受为著作成果，所有中文作品，乃至包括书著，都只是个人兴趣之上的添头。我突然发现我又陷入了另一个囹圄之中，每日的工作就是写一些洋八股，而香港整个大的学术气氛，则是关注于眼下所见的利益得失，至于文化上的承担、精神上的探索，都被束之高阁。大学教授们聚在一起，讨论的最津津有味的话题是楼市、股票和马经，并引之以为快。到头来，大学教授只发论文不读书，只写报告不做学问，也就成司空见惯的事情了。

当然，这并不是说读书就必须囿于象牙塔之内两耳不闻窗外事，但至少，读书得有一个底线和自我，有自主的独立选择，有"沉潜往复，从容含玩"般只求阅读的简单乐趣在，而非仅仅只是为稻粱谋的勉强。我热爱读书，但也看到自己的痛苦。我想着治愈这份痛苦，想着做一些坚持，甚至如果可能，还想着通过个人的阅读与思考以分担他人的痛苦和困惑。

而这，也是我希望成为一个嗜好读书者的心愿所在了。

读书的分量

博士生们都在读什么书？我一直都在好奇这一问题，是因为我发现至少在我接触下来的博士生里面，无论是理科博士，抑或是从事社会科学的，会主动读书者，似乎凤毛麟角。

常理而言，学问做到博士阶段，这一路的书自然读得不少，对于挑灯夜读的读书之苦也肯定都有着切肤之痛的记忆，但倘若撇去所有因课程要求而布置的读本、因论文写作而参考的书目之外，仔细想想，又有多少杂书、闲书、枕边之书、无关痛痒之书、不务正业之书、信手拈来之书，会是我们这些博士生们因兴趣而发，主动去阅读的呢？

前几日和一位牛津毕业的博士生聊天，当谈及他所攻读的管理学领域时，他可以就某一篇论文所阐述的观点侃侃而谈，但当话题移到某一社会议题时，他炯炯的眼神就会黯淡下来，不自觉缩在角落里，而难以将对谈继续。

在专业学科领域，我相信我这位朋友定会做出卓越的贡献，但我总感到有小小的遗憾，遗憾他在人文底蕴和人文识见上的缺乏，而这根源所在，就是年少正好读杂书的黄金时期，阅读的时间都交给了专业的学科读物。其结果，专业知识突飞猛进之余，学养气质却无法跟上，那种对于文化的敏感、对于政治的关怀，以及对于忧患的反思，都会于潜移默化间欠缺下一份自省的批判意识。

所谓术业有专攻，系统而专业的学科训练自然是必须，但过于专注于某一单一学科的专业强化，特别是对那些需要自由思想的社会科学领域，包括社会学、政治学、经济学、管理学等，过分强调技术和职业化的训练而忽略人文内涵的拓展，其结果，就是李泽厚在 20 世纪 90 年代就曾提出过的"学问家出现，思想家退出"的学术走向。读书本该是一种心灵的活动、思想的激荡，然而在大多数博士生的长期"读书"生涯中，读书却并不是一件得其所趣，本该"乘兴而来、尽兴而返"的自得，反而演变成了一种机械式的摄取。等博士们毕业后成了学院里的教授，学问是有了，但知识结构却狭窄片面，只有分析而没有联想，只有技术而没有文化，只有实证而没有批判，缺乏社会理想和人文关怀，对本专业以外更为重要的社会结构、政治伦理、文化形态等问题也缺乏应有的信念和投入，"专家没有了灵魂"（韦伯语），那就会成为"一根筋"和"工具人"。

美国著名的批判社会学家米尔斯（Wright Mills）就十分厌恶那些只具有"技术专家气质"的社会科学家。在《社会学的想象力》（*The Sociological Imagination*）一书中，米尔斯曾毫不客气地指出：那些"缺乏人文修养的人"，那些"非萌生于对人类理性尊重的价值指引了他们生活"的人，属于"精力充沛、野心十足的技术专家"。在米尔斯看来，人文精神和价值信仰是激发社会科学之想象力、"确立社会科学对于我们时代的文化使命所具有的文化含义"的关键。而现今,"科层制的气质渗透入文化、道德和学术生活领域",这种实用主义横行、功利主义作怪的状况是社会科学的重大灾难,技术专家式的学者们因其实用性取向不仅远离了社会学的想象力,也远离了社会学的思想力与行动力。

米尔斯的批判并不仅仅局限于社会学,当我还在香港的大学里工作的时候,就曾深感到米尔斯笔下所谓的"科层制的气质"对于思想、理念无孔不入的侵袭和束缚。我所在的学校每年最自豪的成就,就是在泰晤士全球高校排名榜中又前进了几位。指标压力之下,博士、教授们都成为论文生产线上的机器,一项课题可以就其中几个变量的异同颠来倒去的翻炒出好几篇论文。更为甚者,这条论文生产线也讲究专业化的分工,在某一社会科学系,有位副教授最为擅长统计运算,被奉为镇系之宝,因为系里但凡有其他教授的论文牵涉到复杂的统计分析,就好像装配某一重要零件一般,都必须交给他来做。他每年也因此会发表十几篇学术论文,但迄今鲜有一篇具有影响力和创新力。这种学术思想上的僵化,正是得囿于对工具理性的过度追求而忽视了人文底蕴这一本为内核的因素。

我之所以如此强调人文修养对于社会科学研究的重要性,强调知识自主性的分量,是因为我更加看重学者的公共责任。在我看来,作为知识分子的学者,他并不应该只局限于自己的专业学科之内,他也应该是一个行动者,应该关心政治,具有文化上的敏感，同时将自己的思想力投入到社会议题之中，去参与、去批判、甚或去改变社会运行的可能性，从而带动起大众，或者说是沉默的大多数的认知和思考。这一过程中，一个具有良好人文底蕴的学者，必然会秉承自己独立的价值标准，坚持自己的道德准则，而不委身于某一利益框架之下，"只有到那时，社会才可能是理性和自由的"（米尔斯语）。

也谈读书无用论

最近一段时间，"读书无用论"的论调又开始有抬头之势。这源起于《中国青年报》的一项调查，该调查显示，在被访的 8 777 名大学生中，有高达 34.7% 的受访者在谈到自己的大学生活时，都觉得"后悔"，有 51.5% 的受访者认为自己在大学里"没学到什么有用的东西"，还有 39.2% 的受访者觉得"念了四年，出来还是找不到工作"。

超过三成的内地大学毕业生认为读大学毫无用处，大学生对大学的总体满意程度严重下降，这背后有三点值得我们深省和反思。

一是对现今大学教育模式的忧虑。严进宽出的教育形态使得无数挤过高考独木桥的大学生，失控于大学宽松而闲散的环境，而高校系统又缺乏一套行之有效的管理机制，或者训而不督，或者督而不导，从而形成四年大学读完却恍然一无所学的恶性循环之中。与此同时，伴随着大学扩招，绝大多数的大学生都将主要经历用在外语学习和证书考级之上，以提前应付日后激烈的就业市场。这种对专业课的忽视和对现实的追求，直接导致上大学和拿文凭挂钩、学知识脱钩，产生只要有文凭和证书，上不上大学都一个样的错误导向。

二是对读大学日益功利化倾向的焦虑。面对年年攀升的学费和年年降低的毕业生起薪，过去上大学就等于过上体面生活的社会基调更是改换成了毕业等于失业的无奈。根据中国社科院发布的《2005 年中国教育发展报告》显示，2005 年只有 33.7% 的应届生实际签约，签约月薪在 1 500 元以下的占到了 47.1%，书中再也没有黄金屋，低薪就业已经成为社会现实。因此，父母在培养子女上大学前，必然要考虑教育投入和产出的对比。如若家庭付出的财力与实际收益不成比例，读大学不仅无法收回成本，更有可能在就业无果的情况下血本无归，这背后的辛酸苦果最后只能由家庭独自承担。

这两点担忧，正是当前舆论议论的焦点。事实上，面对内地三成大学生后悔上大学这一现象，我们更应该就数据本身提出第三点思索：在被调查的 8 000 多名大学生中，是否北大、清华、复旦之类的名牌大学毕业生亦后悔就读大学，亦产生读书无用，找寻不到工作的慨叹呢？

之所以提出这样的问题，是有感于目前教育资源日益倾斜，教育投入日益分化格局的建立。在几所名牌大学喊出创建世界一流大学的口号声中，其所获得的财政支持和非重点大学相比，数目无疑是惊人的。虽然在名牌大学也存在着上述教育模式上的缺陷，也会出现毕业生找不到工作的新闻。但必须指出的是，由于先天占据着较高的教育地位和社会认可度，就读于名牌大学的大学生所学习并积累到的社会资本要远远优于一般大学，找不到工作的现实更多是来自于他们对工作及薪资的高期望。名牌大学的金字招牌依旧发烫，北大、清华的梦想都未有实现，哪里又来得及后悔呢？

而反观内地非名牌大学，很多自降标准广招生员，而且违背教学规律，任意设置课程和院系，教育质量明升实降。分明是在水产研究、地质研究上有专长的学校也大量开设金融管理课程，造成同一领域毕业生的就业大撞车，人为制造就业难度。受马太效应影响，名牌大学与非名牌大学之间越发失衡发展，"读书无用论"也因此进一步细化为"读名牌大学的书有用，读一般大学的书无用"的差别观念。

无独有偶的是，在美国《时代》杂志 2006 年 8 月 21 日出版的一期封面文章《谁需要哈佛》（*Who Needs Harvard*）中，相同的问题也被提出。不过和中国相比较，美国的故事更值得我们去借鉴。该文指出，进入哈佛之类的常青藤学校已经不再是美国学生的唯一道路，更多的美国学生开始去选择更加适合自己个性发展的环境，比如以法律为专长的学院或提供宽松艺术环境的社区大学。这种改变，受益于教育质量在公立学校的大幅改善。在美国，严谨的教育体制使得终身教职在超一流大学里更新周期缓慢，很多优秀的学者长期得不到自己想要的终身职位，于是慢慢散布到其他非名牌高校就职。他们不仅为学校带来了学术上的号召力，其所培养的青年学子走上成材之路后，个人捐款亦流回母校，作为引贤资本。如此良性循环之下，美国高等教育整体实力得到提升，校际差异只是体现在学校之间的特色差异上。

而在香港地区，尽管也存在着读书功利化的倾向，法律、医学、经济等学科是香港大学生中最热门的专业，最讲究最大投入产出经济效应的香港人，总期望自己的孩子将来可以当医生、做律师或者跻身银行界，但是反观香港大学的教育目标，则更多的专注于对学生的通才教育以及通识教育，培养大学生在学习书本之知识同时，造就适应社会的能力。为了达到这一目标，香港特区政府对于香港八所主要大学的政府财政补贴基本是在平衡的基础上各有所长，由专门的大学教育资助委员会根据各所院校学术发展的实际规划，以三年期的经常补助金形式资助学校与学术有关的管理工作，并且规定每所大学必须自筹一定数目的教育款项支持学校未来发展。2005/2006 学年，由教育资助委员会核准的补助金金额总数达到 1 297 800 万港元，占到全港政府开支总额的 5.6%。在此一政策的刺激下，各所大学为了学校在国际上的声誉，必须更加倾力于学生的素质塑造和未来社会打拼能力的锤炼，因为这些学子必然是未来社会发展的精英，他们优秀的发展和在社会中所产生的集群效应必然反过来影响学校的口碑以及决定学校所筹款的多寡。在此良性循环之下，香港各所大学均大量开设各种社会实践课程以及暑期赴外实习团，帮助学生扩展国际视野，尽早融入激烈的社会竞争之中。也因此，越来越多的内地学生加入到入学香港的大潮中，并且一度引发一场北大、清华、港大、中大谁更好的大辩论。

受美国和香港特区的启发，内地高等教育未来发展，似乎更应该专注于平衡名牌大学与一般大学之间巨大的"贫富差距"中，依靠一套科学的指标体系塑造每所学校的特长。如果有 100 所甚至更多的高校能够提供优质教育，读书还会再无用吗？

文化承担哪里去了

像我这个年龄，做不了文化人，也和知识分子不沾边，充其量只能算是王朔口中的"知道分子"。可是我这个"知道分子"，却很关心文化人的字，很爱看报纸的副刊。陪伴我长大的，是《扬子晚报》的《繁星》副刊，冰心的题词，一时深深刻印在我的记忆里。

来到香港，最爱看的依旧是副刊，《明报》、《信报》，乃至《苹果日报》，都看，还有台湾的《中国时报》，一补内地信息匮乏的缺憾。在阅读的过程中，也慢慢开始从文字中接触香港的专栏作家，那些大大小小被我们称作"豆腐块"的文字，无论是饮食男女还是时事财经，都可以从中一窥香港独特的副刊文化，市井而不失深刻、有趣却也小家子气。特别值得一提的是《明报》的《世纪》。每天一个整版，一篇洋洋洒洒几千字的大块文章，在香港所有报章的副刊中显得特立独行，格格不入。电影、文学、社会、政论、争鸣，本土、内地、台湾，以及国际都谈，很能拓展人的视野。

长期浸淫《明报》副刊编撰的马家辉，一直坚信副刊文化、专栏文化是社会文化的反映，所以必须提倡格局、视野要广大。在其《在废墟里看见罗马》一书中，马家辉曾指出，香港的读书风气不盛，知识社群基础薄弱，报纸杂志等媒体是香港人主要的信息来源，"如果这些媒体的内容做得不好，推广不好，那对我们社会的杀伤力是很大的"。因此，马家辉主张学者办报——只有知识分子的参与和投入，才可以维持副刊的高素质，让公共讨论的深度与广度皆有拓展。

可惜的是，这早已不是副刊主领文化风骚的年代，在商业利益和文化责任之间寻求平衡，也终归不是纸笔春秋的文化人所擅长的。其必然的结果，只能是妥协之后的不甘心退让，资本滚滚洪流之下，文人办报、知识分子办报在经济挂帅的香港，只能是一个奢谈和理想。

这些年来，香港的文化人一直都在强调，香港绝对不是一个文化沙漠，对此我深表认同。当我和一些有理想有热情有抱负的香港人在一起工作时，我可以感受到他们的努力，特别是年轻媒体人对于文化承担的那种强烈意识，是一种难能可贵的抗争姿态。

但是具体到实际的操作层面上，却又往往心有余而力不足。因为在香港报业看来，文化承担是一件吃力不讨好的亏本买卖，无法在市场中赢得生存。香港大学新闻及传媒研究中心曾经举办过一场名为"华文报纸的文化承担：广州、台北、香港的视野交错"的座谈会，会上香港传媒人提出了"有限度的文化承担"和"承担递减法"的概念，大意就是当香港报社总编"当然要有承担"，报社老板"我们来承担"的诸种承诺之下，承担却在市场、体制和认同这三大因素的共同作用下一层层递减，最后变成了零，甚至负数，于是只好悻悻然地冀望于"有限度的文化承担"。很明显，这是理想遇挫、热情碰壁之后却又心有不甘的最佳写照。市场需要的是快餐式的感官刺激。香港社会商业元素渗透进生活的每一个角落，社会奉行经济挂帅，"博股通金"被尊为成功指标。再加上激烈的市场竞争压力——在不到 700 万的人口中，1 100 多平方公里的土地上，却拥有超过 50 多份各色报纸，如果一份报纸不把文化进行包装再造，装饰成文化潮流，而是走回文艺评论、文化反思为主的路线，整日忙碌的香港人就不会有兴趣阅读。没有市场响应的报纸，资本的压力自然与日俱增，又如何可以向体制之下的股东和投资人负责？除非老板是人文精神和资本实力俱佳的良心老板，否则很难想象这样的报纸会在香港得以生存。至于说到认同，我曾经在香港城市大学工作过三年，亲见过大学教授是如何偏离正经的学术研究和学养识趣的修性，而把"搵快钱"[1] 放在第一位。就连大学的教授都如此本分、职业化，不难想象香港大众对于文化关注的抗拒了。

因为是有限度的文化承担，所以包装起来就不需要深思文化本身的含义，而是以吸引眼球、增加销量为唯一价值目标取向。从事性工作的楼凤凤姐被害，报道的重点既非此起案件背后的社会问题剖析，也非对香港弱势社群的关怀与检讨，而是将版面的头条大幅聚焦于凤姐身前在网站上所贴出用于宣传目的的暴露图

---

[1] 即"赚钱快"。

片，以及凤姐的八卦逸事。所以在香港，娱乐化、八卦化永远是市场的主流，连带着整个社会都将关注的话题集中在一元化的范畴之类，专业主义和精英主义逐渐崩溃。早几年在香港校园就流行过这样一个笑话，最受香港大学生欢迎的是《一本便利》或《便利》之类的八卦媒体，大学生不知时事政治如何，却对明星们的性闻逸事了如指掌。《便利》成为香港大学生的品味轴心与标准，去评价其他刊物的可读性与品味素质，也难怪那仅有的一点点香港文化人的呼声，也只能隐藏在旮旯犄角，被埋没和取代。

　　例如以《苹果日报》为例，可以很明显地看出文化承担是如何在商业利益的操控之下，扭曲和变形。香港是一个强调民主多元的社会，但所谓民主，在《苹果日报》的大老板黎智英看来，却等同于商业机会，因为香港有很多坚定的中产阶级民主派，但是市场上并没有专门针对这一类人群的特定报纸，"民主"既然可以卖钱，所以得到大肆渲染和炒作，没有"民主"的新闻，则束之高阁。再看《东方日报》、《星岛日报》等报纸，一是因为《苹果日报》占领了香港民主人士的市场，从市场角度划分，必然有很多不关心政治的香港人无法接受《苹果日报》的言论，商业大老板之间互相杯葛，以反《苹果日报》作为自己报纸卖点，夺取市场；二是这些商业寡头在内地设有投资。而那些走中间路线，试图保持新闻报道中立客观的媒体，虽然有文化承担的意愿，但市场却是无情的，走中间路线必然遭遇到巨大的商业压力，所以《信报》、《经济日报》在香港的销路一直不佳，《信报》最后只能无奈地接受电盈主席李泽楷的吞并收购，文人办报最终抵抗不住商人办报的冲击。

这让我想起台湾的媒体现状，没有中间路线，只有蓝绿之分。当媒体人将整个社会简单地以蓝绿划分，各自通过代表不同的利益集团、政党派系来吸引市场时，整个台湾的光谱就会越发简单二元化，而失去其他颜色，甚至连黑白色都消失殆尽。

也要相信未来

——回应梁文道一文的批评者

梁文道在《明报》（2008 年 3 月 6 日）上发表了一篇题为《一个最后一代香港文化人的告白》的文章，指出香港对文化创意产业的漠视，香港人对人文艺术的冷淡，都促使他越发将自己的工作重心转移到内地，因为那里有更良好的创意环境，理性的观念受到尊重。梁文道更是在结尾提出："我已经没有什么可以再为这个地方付出。我们'最后一代香港文化人'可以做的，就是走出香港。"

该文一出，立即在香港文化人中激起千层浪，诸多批评的声音占据了争论的主流。梁先生你一篇哀鸣，看似能发人警醒，但实际上只是告别香港、"投诚"内地的自我宣言，又如何可以代表整个香港文化界呢？

争议之下，梁文道随后又在《明报》（2008 年 3 月 13 日）发表《恐惧中国》一文，以响应众多批评。文章中，梁指出，香港政治在意识形态里对中国内地一直有一种传统的恐惧，即无论内地如何发展与进步，只要其"不民主不自由"的状态维持在现有水平，就需带着戒慎的心态时时提防它的接触和渗透，所谓良骏不与拙骑为伍是也。但事实上，这样的成见是荒谬异常的，理解中国的关键词不应该只是极度简化的"民主、自由和法治"，"以我去年在内地半年的浅薄经验，内地的某些知识分子与'运动人士’，对这些问题通常是较境外的人更焦虑更忧心，但是他们更深刻更在地理解到问题的繁复历史肌理，以及行动方案的艰难，我觉得他们在困而勉之地、低调地寻找轻微的晃动、微小的缝隙，与些微的正当性，一点一滴地做与思考”。

果然，该文章甫一刊出，“我就是恐惧”的响应不绝于耳，甚至有人搬出了鲁迅先生的话，“中国人，大都是做戏的虚无党”，以表达自己对内地，特别是内地法制制度缺陷、言论自由匮乏的不满。

虽然两篇文章之所以在香港会引起如此大的反响，乃是得益于香港人，或者更确切地说，应该是仅存的一小撮香港文化人对香港日益缺失的文化土壤的关切之心，这是我们必须承认的前提。但绝大部分讨论，都偏离了就事件本身的关注范畴，未免将焦点转移于，凡是香港的，就是公正自由的；凡是中国内地的，就是邪恶不好的简单二元对立中。所以梁文一出，一个香港人如此推崇内地的发展空间和理性价值，就理所当然地被认为是对环境诱惑的屈从，是一种投机式的“变节”表现。文人的骨气，又在哪里呢？

简化为“文人变节”式谩骂

也许梁文道对香港的失望过于悲观，但香港文化心理上的固步自封、妄自菲薄，似乎也可以从对梁的诸多犬儒式批评中略见一斑。

　　香港人所恐惧的，往小的方面说，是深港一体化后香港过往中心地位的边缘化，是孕妇自由行后医疗资源的被抢占，是内地互联网上漫天盖地的攻忤与谩骂；往大的方面说，是担忧香港民主法治、自由廉洁的社会核心价值被内地同化，是担忧另一制的进逼之下，香港本土身份的退步与丧失。很多香港人就此偏执地认为，除非内地在核心制度上发生根本性的改变，例如扩展更多的言论自由，提升更广泛的法制保障，否则就无法在道德的基础上平等以待。

　　诚然，对于中国现时的缺陷与困境，作为内地人的我从不否认，甚至也常常发出"有心杀贼，无力回天"式的悲叹。上访村里的不公，维权路上的不义，矿窑场中的黑暗，都曾经刺痛过我们的心。而正是因为有社会这些不公、不义与黑暗在，更加促使了一批有良心、有承担、有愿景的中国人，去改变这一现状。我所认识的很多做媒体的朋友，都在为拓阔更大的公共空间而在当下有限的媒体空间内，利用有限的资源，力求创造出更大的价值。很多行动只是微小而难以立时看出它所带来的改变与影响，但这些在量上的积累，却是中国给予我们希望和力量的信念支撑所在。

恐惧但又漠视

　　回到香港的"恐惧"思维意识上，不能不说是香港媒体大环境的长期熏陶和影响所致。单单从媒体的角度看，香港可谓是个反智的城市，它把它所拥有的各种有利条件挥霍为一切可以量化的经济效益，吸引眼球、谋取最大利润作为唯一衡量指标。看看香港那些花花绿绿的报纸杂志，有哪一份有这样的魄力，敢于辟出一个整版讨论哪怕是很琐碎的人文议题？又有哪一份有这样的视野，敢于就某一国际议题做出细致多维的深度分析？一场歌剧表演，报道的重点既非歌剧产生的历史时代背景，也非艺术流派的辨别讨论，而是将版面的头条聚焦于女演员露大腿的剧照，导演与编剧乃至演员之间的绯闻，以及类似于"暴乳"之类的夸张用词上。拜托，我们想看的不是图片上的丰乳肥臀，而是实实在在的精辟文字！

另一方面，香港传媒的"中立"、"客观"表现，在新闻表述中很少出现"我国"、"祖国"等字眼，也使香港的年青一代跟内地产生一种疏离感。媒体还常常喜爱把内地的一些问题拿出来放大"示众"，在某些人眼中，这固然使内地形象被"妖魔化"，但在另一些香港年轻人眼中，就会觉得这个国家真的有点问题，由此而少了归属感，"恐惧"之情油然而生。

恐惧之下，最可怕的并不是罗湖南北地域上的界限、生活方式上的差异，甚至"社资"制度上的分野，而是文化乃至价值观上的抗拒与隔阂。今日的香港人可以挥洒自如地北上消费、搵工，甚至以娶内地妻作为风尚，但是却依然维系着自己在名称上作为香港人的一点优越感，固执地将中国内地订立在落后、封闭、充满极权统治与言论禁区的角色中，不愿意接受内地正在悄然发生的改变，也不愿意承认内地人的希望与抱负。这种认知上的偏执，无疑是可悲可笑的。

多年前，内地诗人食指在《相信未来》一诗中写道："我之所以坚定地相信未来／是我相信未来人们的眼睛／她有拨开历史风尘的睫毛／她有看透岁月篇章的瞳孔"，那份对未来的执着坚信直到今天依旧鼓舞着包括我在内的很多中国人。同样，对于香港，也应该是时候走出自己狭隘的地域想象，去相信内地的未来，因为"那无数次的探索、迷途、失败和成功／一定会给予热情、客观、公正的评定"。

是谁杀死了小书店老板

一个书店的小老板死了，又是谁害死了他？

小老板是香港已结业的青文书屋老板罗志华。罗志华在农历年廿八（2008 年 2 月 4 日）孤身一人在大角咀一个货仓整理书籍时，被意外坠下的二十多箱书籍层层叠叠地压住身体，最后失救致死，尸体直到 14 天后（2008 年 2 月 18 日）发了臭才被人发现。

一间小书店的老板死了，除了香港仅余的一小撮读书人在报纸最不起眼的副刊板块絮絮叨叨之外，于这座充斥八卦娱乐与自拍偷窥的城市实在算不得什么惊奇的大事。等再过一两个星期，连读书人的絮叨都会改换新的内容，真正有心搞文化的人，看来都注定了会被遗弃。

罗志华在香港文化界的身份复杂而独特，从一个侧面可以观照出香港三十年社会与文化的变迁历史。而他的故事，还得从香港的二楼书店说起。

香港的二楼书店起创于 20 世纪 50 年代至 60 年代，于 20 世纪 70 年代逐步发展。当时香港正深受国际"革命浪潮"的影响，民族主义、反殖意识强烈抬头，1971 年的"保钓"运动、1975 年的爱国反霸运动均促使这一时期的香港知识分子主动展开自我与他者的反思，试图从理论层面对社会动荡给出解答。以文艺思想、社科学术类书籍为主打阵地的各种楼上书店自然成为香港早期知识分子最好的聚散地，并承担起社会开蒙的媒介作用。

到了 20 世纪 80 年代，二楼书店的规模伴随着香港本土文化的发酵，以及新一代土生土长的香港年轻人的脱颖而出而越发壮大。这其中的最佳代表，中文书店当属青文，英文书店则属于和青文藏于湾仔同一旧楼单位的曙光。

青文书屋就是青年文学书屋之意，源自于由香港大学和中文大学文学社合办的一个青年文学奖。当时部分得奖的学生毕业后，希望把办文社提倡义学的热情承传下来，于是合股创办了青文书屋，而曙光则由香港二楼书店另一位代表人物马国明一手撑起。有趣的是，当年的曙光书店就设在青文书屋里，一间书店其实是两间书店，一边售卖中文图书，一边售卖英文图书。由于青文（还有曙光）所收书种的鲜明思想和人文特性，例如那时还难以在其他地方寻觅到的新左派、德里达、福柯和本雅明，以及各种手制的小型独立艺文刊物，如《工作室》、《女风·流》、《病房》、《前线》、《越界》等，这里很快成为吸引香港知识分子与文化人汲取知识、结交同道并分享各种前卫剧场、讲座演出消息的一个文化标志性场所，今天我们所熟知的香港学术及文化界的许多名人：吕大乐、陈冠中、梁文道、刘细良、马家辉、昆南、朗天等，都曾经是当年青文书店里孜孜以求的常客。

1988 年，罗志华接手青文，并从此开始了他长达 18 年之久的书屋老板之路。在罗志华一己之力的推动下，青文由一家单纯的书店发展为兼办出版发行的多元体。由书店的小老板进化为出版人，而且还是独立出版人，这在当时的香港极为鲜见，如果不是个人对文化事业的热诚和执着，相信很难去做如此吃力不讨好的事情。在罗志华一人编辑、一人排版、一人印刷、一人钉装、一人搬运的"一人主义"经营哲学之下（其实是罗志华无力聘请人手，凡事只能亲力亲为），陈云、陈冠中、丘世文、罗贵祥这些今天活跃于香港文化界的旗帜人物出版了他们人生中的第一部作品，也斯、黄碧云、谢晓虹等知名作家的重要作品也经由青文出版，此外，很多没有市场的香港本土文学书、学术书亦都得到了青文协助出版。

而青文最为人所津津乐道的，则是1995年至1996年间由罗志华策划并推行的《文化视野业书》。找作者、编者、出版到发行，罗志华一手包办。这套丛书是香港回归之前有关香港文化研究中至为重要的一部系列，在很大程度上帮助香港人审视并厘清了回归前的各种思想趋向。此后，罗志华又以手作影印的方式，承印了八期由叶辉、昆南和廖伟棠主办的《诗潮》，以及四期由自己所创办的《青文评论》，用来发表各种理论思潮、文化评论。所以当罗志华离去后，有评论将其赞誉为近年来香港文化界的"幕后推手"，一点都不过分。

然而伴随着香港政府对于湾仔地区雄心勃勃的改造计划，青文书屋不得不直面生存与死亡这个残酷的选择。在过去的20年间，湾仔由过去充斥着大排档、杂货摊、戏院的市井地，逐步发展成

为向世界展现香港的一个窗口。湾仔的旧区，重建项目一项紧挨
一项地繁荣登场，直接导致该地区楼价的飞速攀升，仅以 1996 年
的楼价为例，便较 10 年前上升 10 倍以上，租金升幅也达到 4 倍。
高楼价引发高租金、高通胀、高物价，使得小本经营、坚持走学
术人文路线的青文书店的生存愈见窘迫。

　　比起香港政府的高地价政策，香港人对文化事业的淡漠才更
加令人寒心。20 世纪 80 年代几个青年各自筹集千百资金办书屋、
搞创作的文化黄金期早已被资本发迹的巨大洪流所淹没。在奉行
经济效益、追求社会指标的趋新求变心态指引下，任何需要花费
时间和精力去理解、消化的东西，都会被大众普遍视为没有实时
效应的东西，借用陈冠中在《我这一代香港人》中的话说，香港
人变得"没什么原则性的考虑、理想的包袱、历史的压力，不追
求完美或眼界很大很宏伟很长远的东西。这已经成为整个社会的
思想心态……用最有效的方法，在最短的时间内交货，以求哪怕
不是最大也是最快的回报"。

　　社会的大气候如此，青文一间小书店的命运自然可想而知。
特别是到了 2005、2006 年，房地产市道随着香港经济强劲复苏再
次大幅上扬，与青文有着唇亡齿寒关系的曙光在难以维计下又宣
布退出，使得青文更加独臂难支。罗志华有段时期，甚至困窘到
连移动电话和网费都支付不起的地步。业主加租逼迁、复印机供
货商上门索债，书店现金流断绝，罗志华迫不得已，只能于 2006
年 8 月 31 日无奈地宣布青文结业。结业后，罗志华将所有库存图

书搬至大角咀一个仓库内，既不清货也不平卖（因为仍梦想着再有读者来买），同时保留下部分发行和出版的业务，期待有朝一日重开青文（据说最近正计划搬往租金更低廉的石硖尾创意艺术中心）。

但是重开的梦想尚在酝酿，罗志华却葬身于书山。如果有更多的读书人，如果有更合理的文化政策，他不至于会流离失所，以这样悲凉的方式死去。爱书人死于自己所爱书的重量，象征文化的书籍反成了杀人凶手，真是香港这个极力打造国际大都会城市的莫大讽刺。

梁文道说，"罗志华的死其实是一个象征，象征我们的过去，如果不幸的话，甚至象征我们的未来"。青文的盛与衰只是香港二楼书店发展轨迹的一个缩影，这几年关门的二楼书店，知名的就有东岸、洪叶，而依旧留守的，则将书店逃亡至租金更加便宜的楼上楼，苦苦挣扎。香港的未来，挣扎的结果大约也不难想象，至少谁也不会再愿意像罗志华那样带着满满的库存走人，然后在某个无人知晓的小仓库里被书砸倒，孤独地死去。

那些藏书，原本是可以当废纸卖掉的啊！

再见，那些消失的小书店

　　总是有小书店在消失，这一次，是阿麦书房（Mackie Study）。

　　2009 年 2 月底的最后一天，照常的营业时间，阿麦书房的大门上贴出了一纸搬迁启示："阿麦书房（恩平道）即日起暂停营业。"打开阿麦书房的官方网站，是一段没有过多感情修饰的告别词："在经营成本高企、利润微薄的实际环境下，要维持一家位于铜锣湾的实体书店实在是太奢侈了。因此，我们决定不再续租恩平道这个单位。"

过于喧嚣的孤独

　　在香港，最近的五年里，阿麦书房可谓是跟文化艺术最贴近的独立代表。2004 年春，阿麦书房于铜锣湾恩平道上一座不起眼的唐楼二楼静悄悄地开业。阿麦的名字来自于书店老板对于剧场演出的热爱。老板 James（本名庄国栋）年轻的时候是个文化爱好者，读中学时就已参与剧场演出。出于对德国戏剧家布莱希特（Bertolt Brech）名剧《三分钱歌剧》（*The Threepenny Opera*）的喜爱，于是就挑选了剧中一个叫做 Mackie 的角色，以"Mackie Study"作店名，中文译作"阿麦书房"。

　　开业之后，阿麦书房打出了"新的阅读时代，新的上楼书店"的经营口号，并身体力行地致力于引进当时在香港甚少见的诗歌散文、哲学传记、人类学、音乐文学、性别研究等书籍，除此之外，阿麦书房更自资出版音乐 CD 及杂志，并与其他本地学术团体合办活动，例如曾与牛棚书院合办记录爱书人的看法及声音的"身体说明书"之发声活动，又与另一楼上书店阿猫地摊合办校园原创音乐剧；此外还策划了"杂志／书籍编写制作班"，更于书房内举办以"本地独立出版"为主题的小型书展。很快，阿麦书房便成为香港爱书及爱音乐人的聚脚点，2006 年更是一举进驻香港艺术中心，名气之响，乃至于内地及台湾文艺青年和爱书人每次来到香港，都将其当作香港行的朝圣必去之地，足以见之其在香港二楼书店的影响力之大。

　　但是再有独特个性和充满文化味道的书店，也不得不在文化地标和商业场所这两种身份之间寻求平衡、经受考验。惯常的规律是，资本压力的严酷考验之下，文化必然要让位，文化人也必然要妥协，何况这又是曾发生过小书店老板葬身书堆悲剧的香港。阿麦书房在现代浮华和闹市区高租金的双重挤迫之下悄然退场，这也许只是诚如曾做过书店店员的《字花》编辑邓正健所言那般，"也没什么，该完的时候便要完，一鸡死一鸡鸣，香港就是这样"。不错，香港就是这样，有勇气开小书店的，永远只是一些拥有理想主义情怀的个体的独立行为，缺乏体制的支持和政策的倾斜，再加之公众阅读欲望的极度缺失，只能曲高和寡，知音寥寥。香港的许多文化荒谬现象，又总是教人无奈与泄气，就连香港人自己都在说，这是过于喧嚣的孤独，喧嚣的是机器一样的物质世界，孤独的是废纸一样的人和书。

那些在消失的小书店

但是否真的就该无奈地接受"该完的时候便要完"的宿命呢？

也不尽然。小书店对于城市的意义所在，恰在于它的小而微温——特别是当书店的发展逐渐向大型连锁旗舰式模式聚拢，动不动就以"城"和"海"之类的"大"词汇相标榜时，小书店于城市的价值才更加凸显出来。城市繁华中心地带，六七层高的书城巍然耸立，高峰节假日时进去永远是摩肩接踵，买书如同逛大型超市，让人呼吸急迫心存恐惧，无故平添了很多急躁之气。而小书店呢，店小人少，长桌短凳；免费派发的艺文杂志随意地摆放在一角，品性相近的书触手可及；或许在冬日的暖阳下，一只猫咪懒洋洋地躺在书架下打着哈欠；读书人悠然自得地摩挲着每一本书，不着急地买，也不着急地不买，只是想与书再多一份的亲近和喜乐。

小书店的主人更是小书店的魅力所在。连锁书城的背后是企业家的精明和强干，而小书店的主人只被读书人亲切地称为小老板，他将自己的志趣心性全部投入到这一方小小的天地之间。他可以是金耀基《剑桥一书贾》里的那个大卫先生（David），"充满了人间温暖与尊严"。1896 年,这位喜欢嘴里含着雪茄,留着一撮小胡子,面带善意笑容的小书贾来到剑桥,在周围学院林立的市集上摆了一个小书摊,从此在日后的 40 年里,每周风雨无阻地往返于伦敦与剑桥的旧书铺,为剑桥传播书香,直到 1936 年去世。大卫的书摊是剑桥文士驻足聚汇之点,日后名震一时的著名大学者们都曾经是这里的店中常客,它的书香和大卫先生早已内化成为剑桥历史与人情的一部分,"就像皇家学院的礼拜堂一样,是与剑桥分不开的"。他也可以是海莲·汉芙(Helene Hanff)《查令十字街 84 号》(84, *Charing Cross Road*)里的那个弗兰克·德尔先生(Frank Doel)。1949 年 10 月,一位居住于美国纽约的穷困女作家,因为看不起装帧简单文字肤浅的美国书籍,于是只好转向伦敦一家寻常巷陌间的小旧书店邮购。这家名叫"马可斯与科恩"(Marks & Co)书店的老板正是德尔先生,他开始不断地给女作家寄去她所需要的书籍,书缘与情缘就此连绵了 20 年,直到 1968 年 12 月他逝世为止。这位善良的美国女作家和克己复礼的英国绅士,他们从未相见。即便到了今天,"马可斯与科恩"虽早已不复存在,但"查令十字街 84 号"这个门牌号却永远与英国文学、二手书、邮递、纽约、20 年、未曾谋面的友谊、古色古香的书架连接在了一起,并成为世界上所有爱书人的麦加圣地。

对于爱书人来说,我们总是在寻找"查令十字街 84 号"这样温情脉脉的小书店,也总是在感慨着与大卫先生这样的小书店老板的淡淡书情友谊之不易。阿麦书房的告别让我们歆歔缅怀,透过阿麦书房那扇已经关闭的大门，我们可以看到，不单单是在香港，在我们身边每一座日益兴旺的城市里，这样的小书店正在一个个的消失，再也寻不着踪迹了。

《诚品好读》的今天，香港文化的明天

对于香港文化人来说，这一两个月的香港人文景象颇有些凋敝至零的味道。先是香港具有启蒙象征意义的青文书屋老板罗志华被书砸死的讽刺性悲剧，再到曾出版过很多本土作家如倪匡、林燕妮等作品的香港老牌出版社博益的"突发性"结业，随后梁文道又在《明报》提出文化人的"出走论"，引起满城轩然大波。现在，曾让香港人羡慕不已的《诚品好读》，这份被赞誉为台湾人文阅读风向标的杂志在创刊 8 年之后突然宣布休刊，再次让许多香港文化人陷入沉思：香港文化的明天，该如何走？

香港人精通两文三语，既可以毫不费力地阅读中文出版物，从繁体、简体到竖排、横排，也可以轻松自如地翻看欧美出版的英文书籍，再加之内地与港澳台的所有华文图书由地缘政治的因素汇集于香港，所以单单从阅读的角度看，香港人应该是幸运的。

但幸运的香港人，能静下心来读书的并不多，至于人文阅读更是比边缘还要边缘的领域。拥有 700 万人口的香港，遍布着 70 家公共图书馆（尚不包括八大院校的图书馆），意即不到 10 万香港人就有一家图书馆。即便是一些远离繁华地区的离岛，人们也都拥有读书、借书的小区图书馆。可是根据香港特区康乐文化事务署的统计，平均每个香港人每季度借书只有 4.7 本，而同期台湾地区一次"全民阅读活动大调查"则显示，平均每个台湾人每季度看 8.4 本书，"读"的数量几乎是香港"借"的数量的一倍，香港全民阅读的匮乏，由此可见一斑。

当阅读越发演化成一场文化灾难的时候，那些以阅读为载体的各类文艺杂志，其命运就如同暴风中的蝴蝶，只能在商业与人文的夹缝间挣扎求存。虽然早在 1994 年，以承担资助香港文化创意产业发展的香港艺术发展局就宣告成立，并将文学纳入资助行列，一时推动起大批艺文类杂志的诞生与出版。但由于艺发局的资助政策缺乏连续性，而香港的整体政策又倾斜于金融与地产，从而导致获资助的杂志一般只能维持一至两年。当资金出现断裂，市场又缺乏良好的回馈时，编者初创时的热情，也就难免被各种现实因素消磨殆尽。

例如梁文道，他曾经创办过一份免费人文杂志《E+E》，内容以中长篇文化评论和书评为主，并且罕见地在稿约中注明"少于 2 000 字的文章绝对不登"。这样的异数虽为塑造香港的人文精神增加了巨大的亮点，但毕竟曲高和寡，只坚持了十多期就因经费问题宣布停刊。

《E+E》的失败并不是一个个案，这些年创刊后再停刊的文艺杂志，比较出名的有《青文评论》、《打开》、《素叶文学》等，至于那些搁置一隅，因难以被读者"发现"而悄悄停刊的其他民间刊物，就更是数不尽数。

香港文艺杂志编者的前赴后继，似乎到了近一两年找寻到了发展的思路，打开这一思路的，恰恰是《诚品好读》。2005年，《诚品好读》改版，在内容和设计上跳出了那种只面向读书人小圈子的单一定位，并加入大量广告以迎合市场。而专注于图书的诚品书店，更是将副业拓展至房地产领域，为走高档路线的新楼盘建设会所式图书馆。同年，《诚品好读》正式输入香港，在各家书店、文化场所售卖。到了2007年，《诚品好读》的销售渠道与7-11便利店全线捆绑，使得杂志的销量在短期内获得了大幅提升。

诚品和《诚品好读》的成功，对于郁闷不得志的香港文化人来说，无疑是一针兴奋剂，为他们的发展方向带来了很多借鉴。向来欠缺一本以阅读为本位杂志的香港，也在这段时期仿照《诚品好读》的"挖金"思路，找来新鸿基地产这样的大财团资助，由上书局出版社推出阅读杂志《读书好》，在资助财团旗下的商场派发。创办者虽然还是梁文道，但稿约已经变为"超过2 000字的文章绝对不登"。

然而现在，爱读书的台湾人，已经容不下他们引以为自豪的一本《诚品好读》，那不爱读书的香港，又如何可以凝聚那本已稀缺的文化力量？《诚品好读》的失败，是否已经提前预示了香港的明天？

从来，城市文化的精神与气质就决定着城市的精神与气质，而谈论城市文化又总脱离不开各种人文杂志，按照本土文化人陈智德的说法，那是一个城市以周、月乃至年份为尺度缓慢变化的最真实记录。当"超过2 000字"的标尺蜕化为"少于2 000字"，这虽然是种无奈的妥协，却也从一个侧面再次证明了香港人"揾快钱"的即食心态，以及香港寡薄淡漠的人文大环境。对于香港文化中这种奇特景象，梁文道曾经这样总结过："我们这个城市是不看书的，或者看书但不敢承认，又或者在家里偷偷摸摸地读《尤里西斯》然后在地铁里要被迫拿着本《一分钟经理》，以免被人当作怪物般耻笑。"

而最后被耻笑的，似乎有且只能是香港自己了。

以书论书的叶辉叔叔

书摆放的时间久了，就会生蛀虫，特别是在江浙一带的梅雨气候下，书尚未读，就已被小虫蛀蚀得体无完肤。读书人都是爱书之人，哪里会舍得自己的书被啃得稀巴烂，于是在太阳晴好的午后，就要晒一晒书。

晒书是个雅趣。台湾诗人痖弦就写过一首只有两行的短诗，诗云："一条美丽的银蠹鱼／从《水经注》里游出来"，标题即为《晒书》。书虫被美喻为蠹鱼而非蠹虫，这只有爱读书的文人才想得出来。虫子形象不佳，又会蜇人，哪里有鱼的姿态美妙，浮沉书籍之内，摇鳍摆尾，意象迷人。

另一种晒书则非真的晒书，而是摆出姿态，晒的是学问。梁实秋就写过一则有趣的小故事，名曰《晒书记》。开头就开宗明义："《世说新语》：'郝隆七月七日，出日中仰卧，人问其故，曰："我晒书。"'我曾想，这位郝先生直挺挺地躺在七月的骄阳之下，晒得浑身滚烫，所为何来？他当然不是在作日光浴，书上没说他脱光了身子。……我想他是故作惊人之状，好引起'人问其故'，他好说出他的那一句惊人之语'我晒书'。"

七夕秋阳暖，人家晒衣服，郝先生袒腹空庭自晒书，不知是一种自嘲，还真的是满肚子的学问需要向侪辈夸示，以显出自己作为一介读书人的高尚品味？

梁实秋先生就说，书既装在肚里，消化了，吸收了，其实就不必再晒，经纶满腹，是要拿出来救世济民，而非如同晒牢骚一般，英雄无用武之地。所谓"案头书要少，心头书要多"，说的就是这个道理。

常常被晚辈唤作"叶辉叔叔"的香港作家叶辉，当然知道这个道理，他在《晒书记》（牛津大学出版社，2011年9月）这本书里所晒的，也自然不会仅仅只是自己腹中的学问，虽然叶辉叔叔知识版图之宏大，早已是香港文化人的共识。他可以直切入繁杂问题的要害，然后信手拈来大量书籍以进行深入的对比和批评，可谓以书论书；也可以很悠然地用诗意的语言写出清爽的文字（叶辉是诗人出身），让读者于不经意间捧读之时，会不由自主地被吸引，然后一气呵成地入到文字的戏里去，可谓入木三分。

叶辉叔叔之所以晒书，首要的原因，就是香港这座城市，读书会被视为另类的行动，而读书人也不是一个讨喜的称谓。香港人被视为"经济动物"由来已久，搵快钱早已经成为人们生活中的共识；政治上，香港目前又面临着如何准确界定与内地关系的定位问题，其焦灼感日益强烈；文化上，香港每年的文化演出活动确实不少，但普通市民阶层的文化精神又十分欠缺，文化节目并没有贯穿到他们的日常生活中，成为人文素养的发酵场。至于读书，整个香港社会赚钱的节奏如此之快，又哪里抽得出时间读书？就算有时间，逼仄的小屋里也没有足够的空间去储存这些书，到头来还是要当废纸一样卖掉，经济上的投入产出比太低，十分不划算，自然只能作罢。叶辉叔叔就说，"一个不读书的城市，总是面目可憎的"。但是面目再可憎，也是养育自己的一方土地，本土情怀的热爱之下，一个读书人总归要做些什么，为这座不读书的城市做些力所能及的事。叶辉叔叔所晒的，正是香港读书人被淹没在经济指标大潮下的声音，虽然微弱，但却有着很强的穿透力和生命力。

叶辉叔叔晒书的第二层原因，是想通过晒书，身体力行地告诉读者，什么才是读书的真正目的。"读书是乐事，也是苦差，这倒要视乎读书人的态度。读书人不仅仅是读者，如何透过读书明辨是非，解放自我，介入社会，认识世界，这是一个合格读书人终身学习的课题。"在叶辉看来，坚持真相，坚持良心，用知识批判介入公共事务领域，为弱势群体发声，为社会不公呐喊，进而点滴地改善现状，推动社会的良性发展，这才是一位读书人的职责所在，而非沉迷于穿越或者情绵的文字意淫中，将文化生活平庸化。在另一篇《边缘族群的妄想与"一天"》一文中，叶辉更加明确地指出："谁都无力改变残酷的现实人生，但并未永远哑忍，偶有片刻光明而总是转瞬熄灭，活在逆境却不忘辨认真理，即使到头来还是活得艰辛。"思想之业是危险的。有独立人格的读书人，既不应该怀念过去，也不应过分寄予未来，而是要对"现在"这个题目，坦荡荡地晒出自己不受阉割的思想，以及愤怒，这才是一种行动的力量。

香港有一个叶辉叔叔，我们内地又该如何反思呢？

游离在香港之外的北岛们

　　前些日子和《明报》副刊主编马家辉聊天，话题不自觉间扯到了北岛。这位中国当代朦胧派诗歌的领袖，自 20 世纪 80 年代末移居海外以来，一直以教授诗歌、创作散文为生，并和整个华语文学界维持着一点点若即若离的微妙关系。

　　北岛曾把自己的这段生活体验写成了一本《失败之书》，在书里，北岛通过采撷自己在海外漂泊路上的种种游荡经历，借以凸显出个人精神历史上的辗转流离，以及灵魂里那似乎无处安放的寂寥落寞，这是一种很大的文人式苍凉。而更大的悲痛却在于，他已游历过了这个世界，却仍然未能完全介入自己所游历的世界。就好像北岛在第一本诗集《陌生的海滩》里所言："远方 / 白茫茫 / 水平线 / 这浮动的甲板 / 撒下多少安眠的网？"

　　2007 年 11 月，北岛结束了自己海外的漂泊生活，选择回归华语世界，来到香港并在香港中文大学中国语言及文学系担任人文学科讲座教授。我曾专门跑到该系主页上找寻他的名字，在教师名录一栏里，"赵振开教授"五个字安安静静的排列其间，和他狂放不羁、激愤昂扬的诗歌风格形成鲜明对比。北岛的原名是如此的朴素不起眼，以至于如果不是对北岛有着深入的了解，很难有人会在第一眼激动地脱口而出——北岛竟然在香港，就在我们的身边。

类似于北岛这样落叶香港的内地学者，我们所熟知的就有甘阳、丁学良、王绍光等人。和北岛依旧类似的是，我们对他们的熟知，也仅仅是建立在我们作为内地读者的成长背景和阅读体验基础之上：他们的言论文章常年受到内地媒体的刊载，那些经典的话语被反复咀嚼而成为流行的文化标签；他们的讲演报告更是风靡内地各大高校，每一次都会掀起众多青年人的热议和追捧。

然而北岛们也有一个共同特点：他们身处香港，却被香港所遗忘。跨过罗湖桥的这一头，他们的名字只存在于少数学界专业人士口中；而对于香港大众而言，他们的言说闻所未闻，乃至于这些人是谁，都会画上一个大大的问号。

这里面就产生出了一个极为有趣的问题，为什么北岛们在内地的听众远远甚于他们所居住的城市？在香港，他们不是应该有更大的自由去得心应手地发表自己的见解吗？作为公共知识分子，即便是以外来者的身份，是否也应该多出些责任，用知识批判介入本土社会呢？

如果我们细心地找寻问题的源头，就可以发现居港内地知识分子的命运，似乎一直都未有摆脱研究香港文化史的王宏志所总结出的"王韬模式"：寄居香港，遥望内地，过客心态，何为归属。

王韬是近代中国著名的文化人物，因为给太平军上书献计而被清廷通缉，避难香港长达23年之久。羁旅香港，王韬不仅开风气之先，在香港办报立书，也以极大的耐心收集香港史料，并以《香港略论》、《香海羁踪》和《物外清游》三篇文章奠定了自己香港"南来文化第一人"的历史地位。

但是声名之外,王韬却自述:"嗟我昔年仅能作近游,今乃放眼万里来番州。不因被谤亦不得至此,天之厄我乃非我之尤。"在王韬看来,香港这"蕞尔绝岛"只是自己万般无奈无处可依之下的暂居之所,再加之饮食水土不调,吃饭"饭皆成颗,坚粒哽喉",吃鱼"鱼尚留鳞,锐芒螫舌",吃菜蔬"旋漉而入馔,生色刺眸",又"岂有雅流在其间哉"?

王韬之后,越来越多的内地知识分子或者因为远离战乱,或者因为逃避迫害而移居香港。他们在伤感和悲痛之下,逐渐构架成为香港一个特殊的群体。他们在香港虽然创造出了大量的文学艺术作品,为香港社会留下了很多珍贵的历史记忆,但是他们对于自己所身处的这个南方边缘小岛,不仅缺乏必要的归属感,甚至极力排斥,毕竟内地乡土才是他们真正的根源命脉所在。因此,在很多南来文化人的作品中,香港往往成为他们乡国想象中的"他者",用来寄托一份思乡忆国的浪漫怀旧情怀。

除了这种由历史累计起来的抽离心态之外,香港的社会图景也间接铸造了这些内地南来知识分子的几许无奈。黄碧云曾对香港有过这样的描述:"这城市何等急速,连一滴泪流在脸上的时间也没有。"用更通俗的话说,这里不是一个对学术、对文化、对知识分子有兴趣有包容的社会。香港社会的弊病已经被批评得太多,以至于奉行经济效益、追求社会指标这样的功利主义价值观已经理所当然地被贴上香港人的标签。往好的方面说来,这是香港之所以成为国际金融中心的拼搏基础，但是这也同时给整个社会的人文内涵带来了很多问题。我们常说的香港是个文化沙漠，不是因为香港缺乏绿洲，而是香港人为了赚快钱，把树都砍光了。其结果，不仅导致像北岛这样的外来知识分子对参与香港的热情度降得非常低，就连香港本地文化人都要纷纷北上出走。梁文道就曾愤怒地提出，自己就快要成为香港最后一代文化人了。

香港迎来了北岛，这是香港的幸运；然而一个安静几无人知的北岛，却是香港的不幸。

麦兜响当当

——守望香港，还是迎合内地

　　这个暑假，我最喜爱的麦兜系列以早于香港的速度推出了期待已久的第三集《麦兜响当当》。在这最新一集动画中，麦兜故事的场景将前两集的本港风情转移到了内地：麦太来到武汉做食肆生意，跟随妈妈一起北上内地的麦兜，只好被"暂寄"在武当山的武术学校"太乙春花门"学习太极拳，开始体验一段普通话的生活。

　　每每提及香港，也许我们首先想到的是诸如"九七"回归、亚洲金融风暴、SARS 疾疫负资产、CEPA 等宏大的经济叙事。然而对于每一位普通的香港人来说，小猪麦兜才是真正可以代表香港的独特符号。在香港本土的一次"香港生存的十个理由"调查中，其中最重要的一个理由就是：香港人有成人的童话——麦兜故事。

　　2001 年圣诞期间，《麦兜故事》第一集在香港上映。电影将漫画中的麦兜放置于香港的真实地名、街景之中，从他出生、上春田花花幼儿园、中学，一直讲到他成为上班族，直到最后在金融风暴冲击下变身负资产。于是，一个小时候曾有过豪气梦想，长大后在酸楚现实面前挣扎的普通小猪形象，顿时激发起了整个香港的共鸣。特别是当麦兜在香港帆船运动员李丽珊获得奥运金牌的感召之下，亲赴长洲拜师学习帆船技术，站在船头上迎风高呼

"香港运动员不是腊鸭！"的时候，好多的香港人都为之感动，似乎又从现实的经济困局背后看到了希望。于是，从电影院走出来的香港人，一面凝聚自己零碎的集体梦想，一面团结在一起，共同迈过最艰难的经济衰退期。

2004年，《麦兜故事》续集《麦兜菠萝油王子》上映，续集以麦兜父亲麦炳为主角。麦炳是菠萝油国一名王位遭篡夺的落难王子，虽然看似呆傻沉默，一事无成，却始终一心想寻找失去的光辉王国。而麦太则眼望将来，周详计划着自己身后的安葬之所，期待可以找到一处"理想的永久居庭"。三人之中，"爸爸活在过去，妈妈活在未来"，只有麦兜一个选择活在当下，却在沉闷的大时代中拿捏不到进退，"不太想动，又不想只坐着不动……其实，我哪也不想去"。

这一时期的香港，政经情况都降到了谷底。在外部，全球网络经济神话破灭，冲击着香港正处于转型期的创新科技产业发展；在内部，资产价格持续下跌，财政赤字又高企不下，香港名义上的本地生产总值增长率，已经由1997年的11%急速跌至2003年的负3.4%，香港的失业率也由1997年的2.2%跃升至2003年的8.6%之历史最高，加之2003年SARS疾疫袭港，香港特区政府推出的"八万五"、教育改革、公务员改革等连串政策失误，外忧内困之下，整个香港社会弥漫着一片愁云惨雾。

于是，香港人开始集体沉默，很少说话，这种"哪也不想去"的失语心态，导致了整个香港社会对香港20世纪八九十年代黄金岁月的深切怀念。

　　而今《麦兜响当当》的上映，正式宣告香港人心里那种"哪也不想去"的留守矛盾已经成为过往。当香港与内地在最近几年频繁互动之下涌现出大量的两地合作商机时，香港人开始选择"北望神州"，他们不仅北上消费，也北上工作，甚至定居。仅以定居为例，香港回归前，到内地定居对很多香港人来说简直是不可思议，而在回归十年后的今天，香港人返回内地生活反而成为大的潮流。根据香港规划署 2006 年的调查发现，到内地定居的香港人每两年就以 50% 的速度递增。2001 年到内地居住的港人有 4.1万，2003 年则有 6 万多，而到了 2005 年，则增加到 9.1 万，增幅超过一倍。

　　然而港人北上的大潮之下，也多多少少增添了几分困境下的迷失与无奈。当麦太带着麦兜进入内地之后，整个剧情的叙述模式仿佛突然间改换了基调。影片中开始出现大段大段冗长的展示城市现代化的 3D 画面，乃至最后出现的那座恢宏的三峡大坝，据说这完全都是按照内地投资方的要求所增加，以展现内地的风貌，而与之形成对比的，反而是前两集故事中所出现的春田花花幼儿园及其周围破败的唐楼场景，倒给观众留下了深刻印象。此外，黄秋生的《月光光》也只剩下了伴奏，而国语版的主题曲《麦兜响当当》更是与粤语风格的麦兜故事格格不入，显得似乎有些前言不搭后语。至于新增加的角色麦子肿肥，很明显是借着孔子（字仲尼）这一符号去缩短内地与香港的差异，以追寻文化上的融合。

虽然这只是麦兜故事第一次在内地上映，但为了满足上映而进行的诸多修改，似乎也契合了麦兜的命运。北上虽然风光，但很多坚守的东西却被迫选择流失，抉择难断，是守望香港，还是迎合内地？挣扎下来，麦兜也不得不融入这个势利的世界里，而北上的香港电影也不得不接受这样面目全非的结果，并成就出尔冬升一番"香港电影衰亡论"的警告。

或许，这已经不是香港本土的成人童话麦兜故事，而仅仅只是一部国产动画片——麦兜响当当。

世间再无"孔少林"

　　这本书的作者孔少林是香港这几年来一位十分重要却又神秘非凡的财经评论员。

　　说他重要，是因为他为《信报》撰写的"原是物语"专栏，是香港中产阶层、财经人士的每日必爱，如若一日不读，便有食之无味之感。

　　《信报》被喻为香港的"白领报"，自1973年由林山木、骆友梅夫妇创办以来，政经观察专栏就一直由林山木和曹仁超两人独家执笔。而孔少林就是"老林老曹"一纸风行30多年之后，由《信报》重点推出的少壮派专栏作家之一。他的"原是物语"，2005年与名为"国金外望"作者方卓如的专栏一同出笼。这对品评财经的Twins组合，在香港被称赏为"小孔小方"，特别是那些终日忙碌、无暇思考的香港人，在瞬间万变的经济趋向面前，总觉得自己的想法不够圆满，非得等到当天"小孔小方"两位先生发表了意见，才可以对事件的来龙去脉及未来走向有一个清晰的认识。

　　他的神秘，来自于他的身份。专栏开办以来，文字虽然精彩，本人却始终"犹抱琵琶"，不肯开名见人。香港坊间传说，孔少林即是曾任香港商台运营总监，现职上市公司CEO的蔡东豪。蔡东豪2002年在《信报》登台，当时化名"原复生"首开"原氏物语"，写了一年搁笔。2005 年专栏重开，改动了一个字，换成了"原是物语"，作者也改换成了孔少林。前后虽搁三年，文风却极为相似，又加上几乎沿袭同一名称的缘故，才生造了蔡东豪、原复生、孔少林是否一体化身这一香港人津津乐道的"财经外"话题。甚至连 Twins 之一的方卓如也参与进来讨论，在自己的"国金外望"专栏中努力标榜自己不是原复生，亦透露孔少林其实不是一个人，而是一群人群体写作。对此，孔少林也以一篇"我们都是原复生"为题，干干脆脆地大卖关子。该文以《经济学人》杂志重视文章意念，轻视文章署名的特色说开去，阐发孔少林是一个人或多个人并不重要，"原是物语"的宏大理想，是要证明"我们都是原复生，你也可以孔少林"。

然而遗憾的是，当读者读到这篇《我们都是原复生》时，已是作者孔少林在《信报》的最后一篇文章。同日去笔的，还有和他当年一同登场的"国金外望"。两专栏作者以"事忙暂别"为理由同时在《信报》"结业"，不知何年何月重开。另一边，电盈主席李泽楷 8 月 8 日正式入股《信报》五成股权，收购了一个老字号品牌的同时，也让所有香港人为这份香港首家专业财经报纸的未来生生担忧。

《原是物语》（上书局，2006 年 7 月）正是在"原是物语"专栏结束之后，对已往文字辑录成书的结集，主要包括企管人对经济时事的观察，旁及办公室众生相的白描。在严肃的财经问题分析上，孔少林往往能用最浅白的文字，将看似人人皆懂，但又被忽略的大道理解释透彻，激发读者共鸣，引领读者思考。他对投资理财的分析，时而古灵精怪，爱将内行的投资概念说成故事，演绎成人人可亲的常识；时而逗趣打诨，常常于不经意间，在财务分析、人事月旦、管理谋略等高深领域，一语点醒梦中人。套用《信报》老板娘骆友梅的序言所说：

> 孔少林顾盼中外，视野广阔，剖析事理，深入浅出……他的《原是物语》并非股市秘籍、投资绝学，这家"少林"功夫，更不会吹擂什么天下第一，可是看上几篇，起码知道什么是虎穴龙潭，怎样算是天高地厚。

除了在政经时评的智能上游刃有余之外，孔少林的文字还很懂得"闹"人。全书的副标题"单身大长今"就是明证。单身大长今者，即以韩剧中的大长今为原型，暗喻现代都市中那些美丽坚韧，又高薪厚酬的单身女主管，就如同大长今般，一心想找寻到心目中的"闵大人"。以作者的观察和一番经济学视角的博弈，这些"大长今"们心高气傲，对感情事不等闲不随便，想找到合适的"闵大人"相伴，在今天男女比例愈加失衡的香港社会真是可遇而不可求。孔少林为了将这一话题深入透彻，甚至数次请出办公室的亲密同仁 Mary 作为自己笔下单身大长今的代表，在标致聪明、干练洒脱的 Mary 面前，不仅细致教授办公室男士如何正确着装，以免穿得太难看失礼了单身大长今，而且在一次游行中与

Mary 不期而遇，被 Mary"一颗为香港之心"所钦佩，"当时我望着 Mary，总觉得这刻的她特别吸引"。

　　李泽楷的《信报》留不住孔少林的"原是物语"，文人办报在经济挂帅的香港终于还是走到了尽头。什么是文人办报？香港文化传媒人马家辉有一次在收到林行止寄赠的新书《意趣盎然》时，曾仅仅为了信封上那姓名和地址是由林行止亲自书写而高兴得不得了。所谓文人办报，大概就是报社老板会亲自在信封上写字的报社，可惜《信报》的老板已经改头换面，进入小小超人的时代。

　　由此而看，虽然一本《原是物语》的书集，可以帮助读者重温作者的睿智和风趣、火辣和犀利，可是香港未来的财经评论界，却似乎很难再像"小孔小方"时代那般热闹好看。

退步中的香港风格

在退步的城市

　　天星码头被清拆的日子里，我手头上正在翻看的书，是陈丹青的《退步集》(广西师范大学出版社，2005 年 1 月)。

　　在他一贯率真而有力的文字中，陈丹青通谈了他对中国当代建筑与人文的认识，并且提出了他的三个景观理论：心理景观、建筑景观与行政景观。具体而言，心理景观就是每个人心目中对建筑的审美癖好，代表了一个人或者一代人的品位、判断与选择，不仅仅体现在城市建设，也体现在对生活观、生活方式的细微方面；建筑景观是每个城市建筑群组合在一起的审美印象，一座城市的完美建筑景观，必然是由它自己的历史所形成的自己的结构、肌理和风格；行政景观是领导审美趣味的权力表现，简单说就是城市景观的真正设计者，不是建筑家，而是各级行政官员。

　　在当下的中国，城市的居住条件与质量是一层面，文化样貌与历史风格又是另一层面，这两者长期以来一直是城市改造的一对棘手难题。二者求其一，城市的规划者们，以野心勃勃的雄心，牺牲后者成全前者，而历史也只能无奈地将城市改造的命运以一种讽刺性的姿态扔回来："城市"问题与"文化"问题并不是彼此依存、彼此映照的，而是两相冲突、两相对立，城市在刻不容缓的拆与建中轰鸣前进，历史被篡改、剥夺，进而消失。诚如陈丹青所言：

> 我们的"建筑文化"背后处处站着"行政文化"，我们的"行政文化"的优良传统之一，并不尽是一竿子捅到底的"中央集权"，而是巧妙精致的"各自为政"、"各行其是"，是毛泽东 50 年代即痛心不已的"小自由"的滥用，此一"小自由"传统今已数百倍发扬光大，其辉煌"政绩"，集中体现在建筑与城市的开发。
>
> 在号称自由、民主、私有化、个人至上的西方，仅就建筑为例，我处处看到普遍的共识、规划、协调、纪律、远见，以及整体文化意识；而在实行社会主义公有制的、计划经济的、集体主义的中国，有城市建筑为证，我处处发现公然的无序、违章、彼此掣肘、故意失控、短见、临时性、小集团利益、自作聪明，以及文化上的集体无意识。

以陈丹青在书中谈及的江南古镇和北京都市为例。他认为，江南古镇中最主要的角色——古镇居民，是彻头彻尾地在历史的变迁之中缺席了。所有关于文化的、哲学的、伦理的、生活方式的那个古镇，已经消失，留存下来的，只是一个地理意义上的古镇。今天，中国古镇和欧洲古镇在城市形态上最本质的区别，不单单是景观，而是阶级没有了、族谱中断了，古镇只剩下躯壳，丧失了文化延续中的历史。

再看北京的城市建筑。由于大量拆毁代表北京味道的胡同四合院，起建歌剧院、奥运会场、中央电视台等宏伟景观式建筑，北京居民的"都市想象"已经被政府的"都市想象"所取代，和古城沾边的"文化记忆"也相应被清空。今天，全北京已经所剩无几的胡同，正在以每年 600 多条的速度被清拆，同时北京政府又以无限扩增的新建筑群为城市彻底整容，用无数欧美城市、街道、小区的名字，命名北京城无数的角落。那些居住于胡同中的老北京居民，也被"请"出北京，连带着他们在旧北京的故事、记忆一起移除。北京和北平，似乎已经成了两座完全迥异的城市。

我突然意识到，其实将陈丹青笔下的北京旧城、江南古镇换成香港，才发现，原来香港在走的道路，在面临的命运，和它们一样。

胡恩威的风格

最近一段时间流行的一本关于香港建筑和城市发展的小书《香港风格》（CUP，2005 年 4 月），从某一个角度看，可以说是香港的《退步集》。该书封面采用了一张香港老旧澡堂的龙头式喷水阀，一片暖色调背景将喷水阀烘托出一种故事即将完结，香港行将退步的味道。

浴德池，是香港最古老的澡堂，代表着旧时香港的上海味道和市井气息，是香港风格中蔚为珍贵的历史片段。2006 年 10 月 3 日，浴德池正式结束长达 56 年的经营，也为香港的上海澡堂文化画上了句号，这不能不说是香港的遗憾。

该书的作者胡恩威，在香港出生，在香港长大，并固执地秉持建筑可以改变世界的现代主义精神。自从 20 世纪 80 年代中期，他就开始从事书写关于香港建筑和城市发展的文字，并且通过剧场、影像等跨媒体形式实践着自己的建筑理念。这本《香港风格》，可谓是他多年来对香港建筑理论和文化带有批判性色彩的反省和思考，带着他对香港的独特感情和观点。作者在书中不仅仅是刻画香港的建筑风格，同时也通过这些建筑去批判香港人的风格，如何破坏有价值的古旧建筑，设计出没有人性的高楼和大厦。这本书于 2005 年 9 月出版的时候，在没有宣传、没有大量传媒曝光的情况下，单单依靠口碑相传，就在短短一年时间内连续出版了 5 版，在缺乏读书氛围的香港销售超过 1 万本，并且连动带起一股对香港风格的讨论热潮，不可不说是一个奇迹。

胡恩威在《香港风格》取得成功之后，旋即又推出了《香港风格 2》，带领读者继续寻找香港风格。（他的最新作品《香港风格 3——城市应该是这样建成的》已在 2007 年 1 月上市，好书畅销，就乘着火热连番推出续作，这算不算也是一种香港风格呢？）不过在第二本书中，胡的风格一下子狠辣了许多，开章几十页都是接连不断的跨页彩照，并且配上一连串毫不留情如炮连发的反白大字，通通以"消灭"开头，例如"消灭香港的历史"、"消灭香港人的集体记忆"、"消灭香港人的小区"、"消灭香港人的个人意识"等，批评的火力猛撞得乍一看真叫人觉得受不了。

据说，胡恩威的怒火和他的急躁在香港文化圈子里是出了名的，他那鲜明的"胡恩威风格"通过文字发散开来，渗透进读者的血液，让读者在阅读的激烈快感之下，也兴起欲将香港城市规划和空间管理的诸种弊端痛快淋漓批驳一番的欲望。虽然他的文字给人一种宣言甚至檄文的感觉，然而这种带有挑衅色彩（provocative）的文化批评，对于任何开放社会，不仅应该被容许，甚至是必需的。用胡恩威自己的话说就是："我们对一个城市的理解其实是可以很片面、很个人，但这种片面和个人化正好是生活在城市的一种特质。"

夹缝中的生存

香港有着"石屎森林"的"美誉"。石屎，即混凝土。在香港，地产商为了求快，政府为了求快，大量使用石屎作为主要的建筑材料，疯狂地建设新楼盘。高密度的高层建筑群体集合在一起，形成了一种特有的城市哥特式风景，而在这风景之下的灵魂和动力，则是无孔不入的商业利益。

20世纪90年代，香港的建筑设计美学开始分支成两大主流，

"官僚主义"和"地产主义",前者由香港政府建筑署主导,后者由大地产商主导。"官僚主义"把所有建筑物看成棋子,以"净化空间"作为城市的规划目标;"地产主义"则把所有建筑物看成平面容器,奉行简单的功能化和实用化。两者的共通点就是都不重视建筑空间的质量,不注重历史文化的蕴涵。他们只追求外表、数量、体积、高度,只关心档次、品位、价位和利润,不以"人"为本,而以"商人"为本,以经济利益为本,凸显出香港建筑文化中所充斥的商业主义(mercantilism)本质。例如胡恩威在书中所列举的兴建于 20 世纪 80 年代的尖东大富豪夜总会,其店堂内那比后现代更后现代的夸张设计,就反映了香港奢迷"豪装"和"贴金"的风格,是香港经济腾飞时期暴发文化的真实反映。

即便如此,香港的建筑也并非一无是处,那些夹杂在"石屎森林"缝隙中的,正是香港骨髓中最为地道的本土化建筑设计——只是,它们都只能在夹缝中生存,也因此往往被人们所忽视和遗忘。实际上,香港并不是没有自己风格的建筑,在接近一个世纪的发展中,香港累积了大量的文化遗产:屋村、桑拿、冰室,这些全都代表了香港独有的文化及美学。香港不仅仅只有商业华厦和维港景致,小型公园、行人天桥、桑拿浴室、旧式小区,甚至是一个饭盒、一张纸币、一把旧暖水壶,都能够观照出香港变迁的历史,以及香港的民间智慧。

然而遗憾的是,香港的民间风味与记忆,已经在两大"主义"的夹攻之下,就如浴德池一般不断被侵蚀又侵蚀,硕果难存。香港的风格，已经变了味道。

在香港，政府不容许早开晚收的茶档小铺摆放在露天街头，因为这对于城市管理者而言太没规矩太过危险，公共空间的功能只能是人流的通道，没有生气；政府也不容许民间团体游行抗议清拆天星码头，因为野心勃勃的政府早已经描画出计划中的海滨长廊和商场将如何吸引客流，增加投资的回报。这些短视、功利、投机和肤浅，使得"消灭香港"一语成为香港城市发展的最真实写照。香港的风格就这样在清拆与重建中慢慢被消灭，只剩下簇新的躯壳，但却失去了历史内涵和精神价值。

不得不承认，一个强势政府，其规划所产生的力量是巨大的。规划是企图把一切都纳入秩序，把一切都归为发展蓝图中的增长点。于是，那些经过多年文化累积自行生成的旧区街道，一下子被城市规划的巨轮所碾碎，历史建筑也纷纷被粉饰为旅游景点，居于其间的人们被迫搬迁到屏风屋苑、摩天大楼之中，仿佛被囚禁于鸟笼中的鸟儿，只能透过封闭的几扇窗，哀怨地望向窗外的石屎森林，然后沉重地叹出几口气。

但是，任何一座城市也必然是由历史所组成。那种小市民大排档的、鸽笼高楼满街招贴的、最家常琐碎的、混乱逼仄却又亲切实在的生活，只能独独专属于香港；那些锈迹斑驳、砖红瓦绿，夹杂在高楼大厦中的老旧建筑，也同样是香港这座城市由过去走向未来的真实写照。陈冠中曾指出过香港的特色乃是"混杂"，李欧梵也说过"'混杂性'本来就是香港文化的传统"，可是香港依然走不出经济城市的樊篱，依然忽视城市建筑与历史人文之间的关系，只将文化遗产视为与自己不相干的事情，以至于当香港特区旅游发展局向全世界推介香港的时候，也只是用浅薄的"动感之都"作为宣传口号。可是大多数香港人其实都不明白，香港到底"动"在哪里？是不是中环那些行色匆匆、西装笔挺的金融人士呢？在显眼的财富与璀璨之外，一个城市是否也应该同时去重视和关心那些不显眼的价值标准呢？

对于"消灭"的内涵与无奈，内地诗人于坚曾在他的《便条集》里给过做好的诠释：

> 毁灭一座古老的城市
>
> 毁灭一种传统
>
> 可以通过火山和地震
>
> 也可以通过原子弹
>
> 也可以革命
>
> 但最有效的是
>
> 文件

香港模式死了吗

市场主义，还是干预经济，这似乎是一个永远争论不休的话题。曾荫权说"积极不干预"政策太含混，不如取消，结果一石激起千层浪——自由市场基本教义派大吵大闹，认为有违祖宗家法；政治经济学者则认为适得其时，有利于香港特区正在进行的经济转型。

那么，香港的经济走过了一个怎样的发展历程？这其中，香港特区政府扮演了何种角色？又是什么样的原因造成了香港特区政府在经济发展上角色的变化？

市场万岁 VS 干预主义

香港在殖民地统治时期，港英政府建立了一套新自由主义经济体系，通过采取"积极不干预"政策，将香港由一个转口贸易港，发展成为国际金融服务业中心，香港也因此一度被视为"自由市场之最后壁垒"，就连诺贝尔经济学奖得主弗里德曼（Milton Friedman）都曾赞扬，正是香港的自由放任政策，方才造就了香港今日的经济奇迹。

"积极不干预"政策是由曾担任过香港财政司司长的两位经

济学家郭伯伟爵士（John Cowperthwaite）和夏鼎基爵士（Philip Haddon-Cave）所塑造。作为亚当·斯密"看不见的手"的自由市场学说忠实信徒，郭伯伟抗拒"多管闲事的政治人士"干预香港经济的企图，甚至一度拒绝收集经济统计资料，以担心会给政府官员增加干预的借口。他的继任者夏鼎基在郭伯伟基础上，提出了"积极不干预"一说，用以形容港英政府理论上坚拒干预市场的行为，从而将自由主义学说提升至意识形态上的新高境界。

但事实上，"积极不干预"的实质，是港英政府以英资财团的利益为基础，有选择性地干预香港的经济发展。20世纪60年代至80年代，港英政府与英资财团联手合作，改善了香港的基础建设、公共事业、银行及金融制度，以及国际贸易网络；与此同时，不少本地的工业家亦非常倚赖英资财团，两者从而构成了一种相互依存的关系。英资财团的代表更晋身立法局及行政局，成为政府政策的制定者。所以很自然地，这段时期香港的经济政策发展，必定首先考虑英资财团的利益。

回归之后，香港特区政府放弃不干预政策而开始采取发展主义的干预性做法，以期超越殖民政府的新自由主义，在管理经济事务中扮演一个更为积极的角色。为此，特区政府实行了下列四项重要政策：干预经济运行过程（如联系汇率制度，公用事业、金融、房地产业、外籍劳工输入政策），提倡高科技项目（如数码港计划），制定可发展的工业目标，以及主动与内地地方政府洽谈跨境合作项目。

然而，在港英政府推动以新自由主义为经济管理政策时，香港依旧保持着蓬勃的经济增长，而当回归后的特区政府从市场放任取向企图迈向干预主义的市场经济时，香港却面临着发展和管治的危机。加之外部环境受到全球一体化的冲击，金融风暴、网络泡沫、非典疾役等纷至沓来，使得特区政府的管治能力受到削弱，发展政策受到限制。其结果，特区政府的发展型模式受到广泛质疑和批评，一些评论就此断言，香港"自由放任经济的声誉已成疑问"。弗老甚至以90多岁的高龄在《华尔街日报》（亚洲版）亲自撰文，批评香港放弃赖以成功的"积极不干预"政策，并形容此举是"意料之中的悲哀"。自由经济大师哀叹"香港模式已死"，等于宣告香港已经不再是他心目中经济自由的闪耀象征。

香港模式真的死了吗？

发展型国家理论

自20世纪60年代开始的近20年中，以东亚为首的一些国家和地区在经济发展领域迅速崛起，日本的经济年增长率超过7%，韩国、新加坡、香港地区以及台湾地区的经济年增长率超过8%，高速的经济增长使这些国家和地区创造了令世界瞩目的经济奇迹。这些经济发展的成就引起了许多学者对经济奇迹背后的制度性因素的探究，并形成了一种发展型国家理论（Theory of Developmental State）。

发展型国家被认为是介于英美市场模式与社会主义计划经济之间的一个国家介入但采取市场经济的模式，用较早研究发展型国家理论的学者 Chalmers Johnson 的话来说，就是"计划—理性"（plan-rational）的形态，而与英美的"市场—理性"（market-rational）类型相区分。"计划—理性"的国家比"市场—理性"的国家更有意识地介入市场运作，而不只是制定市场运作规则而已。简单地说，在"计划—理性"的国家中，政府给予工业政策最大的优先，重视国内工业的结构，并提升其结构以强化国家在国际上的竞争力。

在发展型国家理论的讨论里，国家要能够有能力决策和执行既定政策，首要的因素就是国家能力（state capacity）。而国家能力又依赖于两个因素：其一是国家的自主性（state autonomy），也就是决策官僚能够拒斥私人利益的影响，而从国家政体长远的角度来规划发展政策；其二是国家与私人资本之间的关系，即国家必须建立一种制度化的体系，将具有主导性的官僚组织与私人资本联结起来，从而扶持、管理和引导私人资本往策略性产业倾斜，推动社会经济发展。

管治的互相依赖

在传统观点看来，经济全球化的趋势限制了国家能力，造成了"国家无能"局面的出现：首先，国家丧失自主权，在跨国资本面前显得无能,民族国家的组织凝聚力已失效;其次,因全球化市场经营者的助力,资本、金融及科技都可以毫不费力的穿越国界,并迅速地减弱国家干预社会经济的能力,客观上影响社会权利(如教育、劳动就业、劳动保障、失业保险、医疗保险等)的实现程度。因此,"国家无能"的意思,即是指国家政府在国内外扮演权力行使者的角色将会减少或被替代。

另一位研究发展型国家理论的学者维斯(Linda Weiss)却提出了一个与全球化传统观点相反的论点。维斯认为,"国家无能"观点的倡导者们,忽略了国家与社会组织之间关系的重要性。事实上,全球化不仅没有减少,反而是增加了国家政府的国家能力,并且使其成为在国际竞争中的一个重要优势。国家能力在这个范畴里是指"能够制定和执行经济转型政策和策略的能力,通过政府与私人经济团体的合作,提升或转化自身的工业经济"。维斯进一步指出,这种策略包含着两方面的结构转移:一是从衰退中的领域转到要扩大的领域,包括科技普及及创新的领域;二是建立新的工业、产品和工艺程序。

在这里,维斯进一步指出,国家与社会组织之间的关系,并非对立和冲突,而是一种呈现出双相依赖的协同性,即"管治的互相依赖"(governed interdependence)。按照维斯的定义,"管治的互相依赖"是指:

在这种关系中,公共与私人参与者都保持他们的自主性。

然而，他们都要被政府制定的宽大目标所治理和监察。在这种关系中，领导的角色会直接由政府或被委派的私营行业扮演，这些私营行业都会接受政府政策的哺育，建立健全并有组织性的基础设施。

简单地说，国家运用权力的自主性于社会经济改革之中，与经济组织（特别是私人企业）之间在经济政策制定、实施等方面互相沟通、达成一致，建立起规范治理的互相依赖联结制度，从而进一步强化国家能力的有效性。因此，"管治的互相依赖"这个概念表达了一个基本事实，企业依靠它们的政府去建立和哺育所需要的条件，以夺取市场，另一方面，政府也需要依靠企业来制造就业机会和经济增长，这两者之间的相互依赖关系是通过公营机构来合作，并且是被管治的。

为了论证管治的互赖这一概念，维斯又具体分析了日本发展型国家模式的演变和协调、瑞典国家经济管理的分配型模式、德国工业系统中分配与发展相结合的双重发展模式，并指出它们是如何在面对全球化入侵的时候，利用国家能力的分配和发展资源，主导经济转型、响应全球化。维斯发现，从这些国家迅速发展的经济历程来看，都是一方面给予企业能高度自我管治的空间，另一方面也建立起一种使企业不得不依赖政府的协同关系来推动国家的整体发展，而不是一味"市场万岁"，也不是一味强调政府干预市场。

这个时候，让我们从发展型政府理论回到香港，来回答前面提出的问题，香港模式死了吗?

事实上，如果管治国家的方法只能在政府干预与放任市场之间任选其一，那么这种非黑即白的观念未免矫枉过正。其实，我们可以发现，维斯所提出的"管治的互相依赖"的一大特色，就是说明强势政府并不一定等于有效管治，政府与市场的关系，也不必然对立或互为排斥。从这层意义出发，香港今后的政治改革与经济发展，就需突破"市场 VS 政府"的狭隘二分视野，正如维斯所建议的，国家/政府之能量须根植于社会，也须有其自主性，免受特殊利益集团的俘获，从而在政府与市场之间建立起一套良好而有序的"管治的互相依赖"。

英国让香港怀念？

1842 年中英签署的《南京条约》，将香港变成"日不落帝国"诸多殖民地中的一块。这之后英国 100 多年的殖民统治，又形塑出了今日香港在政治、经济、社会乃至文化上的形态样貌。因此要透彻了解香港，就必须先理解英国的殖民管治。

欧洲大陆如法国等国家在开拓殖民地的运动中，一般希望能永久驻扎在当地，甚至把殖民地列入国家的海外省，因此在统治阶段中，往往较多地采取暴力和高压。而历史的进程已经证明，压迫式的殖民管治并不可行，当地人民的反抗情绪，会伴随着高压政策而越发激烈，进而演化成推翻殖民政府的革命。

正是看到这一点，英国政府采用了一种"过客"的心态来管理海外领地：在政治领域，尽可能完整地移植英国本土的社会结构、政治体制和法律体系到殖民地之上，按照英国政府自身的模式和功能来设计和建立各殖民地政府，同时选择与殖民地内的政党合作，开放政府，以确保能够用最少的官员，达到最有效率的管治；在经济领域，则注重推行各种福利措施来降低殖民地人民发生暴动的可能性，维持殖民地的稳定，并扶持英资财团的势力，最大限度地掠夺殖民地资源。

具化到香港这个地方，至 20 世纪 50 年代，英国的管治虽已实施近 100 年，香港仍只能依赖少量转口贸易生存，产业结构单一化，没有像样的现代大工业。1950 年，香港的本地生产总值只有 31.5 亿港元，人均 1 400 港元，按当时的汇率折算不到 250 美元，其经济发展水平在许多方面还比不上广州、上海，更难与欧美的大都市相提并论。有些西方学者说，香港直至 20 世纪 50 年代初，还是一个"穷酸破败的贫民城市"。

这种情况一直持续到 1967 年才得到改变，在亲中人士领导之下，香港爆发了历史上规模最大的一场反对殖民统治的社会暴动，这之后，港英政府终于开始采取各种改善民生，提高人民权利的善治。在总督麦理浩（Sir Murray Maclehose）的带领之下，先后创立了廉政公署整治官员贪污，设劳工署调解劳资纠纷，制定解雇补偿等劳工保护法例，同时启动长期建公屋和居者有其屋计划，以及九年制免费基础教育，从而打下了香港 20 世纪七八十年代经济高速增长的基础。

然而，于伦敦大学取得哲学博士学位的王慧麟在从英国伦敦历史档案馆中大批前港英政府逐步解封的机密档案解读中却发现，摇身一变晋身成进取有为型的港英政府，上述种种大规模的福利扩张却并非是出于仁慈，而是一种精明的计算，从而令香港人"错误地"觉得一切功劳尽归殖民者，却忘记了英国人的殖民权术。

例如，港英政府早期曾实行赤裸裸的种族歧视政策，英国人几乎占据政府部门所有的高级职位。占人口绝大多数的香港华人，在政治上则处于完全无权的地位。华人不许涉足高级酒店和私人会所，甚至禁止在山顶一带的洋人住宅区度宿。有些法例甚至规定，华人无通行证晚间不准出门，不得举行或参加公共集会。港英政府在 1882 年还颁布过一项法令，其中规定："总督有权禁止任何非英国籍居民居住香港……并有权决定该人应行离港之日期。"

　　然而到了后期，特别是"六七暴动"之后，港英政府发现这样的法令无法有效地进行殖民管治，于是在港大创办人、前港督卢押爵士（Lord Lugard）的倡议下，英国开始在香港奉行"间接管治"（indirect rule）政策，即殖民地政府输出经济利益（例如土地）予以本地有名望的土豪劣绅，以要求他们与政府合作，协助管理香港。

　　进入港督麦理浩时代后，麦理浩又提出有限度的政制改革，开放部分政治权力给予港人，加强港人对殖民政权和本土化发展的认同。高级公务员本地化的进程就是在这一时期开始加快，政务官所谓首长级的官员中，1977 年共有 337 人，本港人占 35.2%，共 142 人，到了 1982 年已经增加至 611 人，本地人占 45%，增幅达到 81% 之多。

　　但是事实上，对于港英政府来说，政治权力的开放，将极度不利于对香港的统治，因为"英人认为，港府部分重要职位，基于英国国家安全需要，仍要由英人执掌"。间接管制的目的，仅仅是为了避免暴动，维护社会经济稳定，因此显然没有必要花费时间和精力去培养本地华人高级政治精英。为了证明这一结论，作者特地翻查出了一份 1974 年由当时的香港布政司司长罗弼时（Sir Denys Roberts）送交给英国外交部的机密信件。在信件中，罗弼时详尽讨论了香港官僚体系的国家安全问题。罗认为，伴随着香港政府官员本土化加深的趋势，华人将不可避免的逐步攀上政府高层官位，并大范围接触到政府的核心档。为了保障国家安全，罗建议将现有的高级官员职位分为两部分：第一部分包括总督、布政司、保安司、政治部主任等，必须由英人出任；第二部分包括律政司、公务员事务司、财政司、副警务处司等，虽然不一定必须要由英人出任，但都应该由英人出任才合适。如果有华人官员出任这些高级职位时，部分涉及高级机密的档案，将会提高阅读权限，以避免华人接触。

对此，王慧麟在《阅读殖民地》（CUP，2005 年 10 月）中一针见血地指出，香港回归后所面临的如新机场大混乱、禽流感肆虐等诸多管治上的困局，正是因为在港英政府统治下，英国人并未把所有的管治精髓，传授给香港本土的华人阶层，令他们在面对危机时候缺乏有效的响应。而这内里的文章，在殖民政府的官方论述中却隐去不提。可见说到底，英国人并未接纳香港人作为自己的子民，各个管治权谋的交叉使用，只是最大化统治效益的诸种手段罢了。

从这层意义出发，《阅读殖民地》，就是阅读殖民政府的殖民手段，进而阅读殖民主义的管治路径，以及它们的演变历程。

香港是个大商场[1]

在香港，最具代表性的公共空间莫过于各色各样的大型商场了。

香港的商场，是全世界将吃、穿、住、行如此紧密联系在一起的典型：走出家门，经过人行道就是商场，商场上层就是写字楼，底层就是地铁站，坐上地铁不到半小时就可到中环、湾仔、铜锣湾，穿越拱廊通道就可到达商场，或购物，或看电影。

面对这都市中无所不在的各式商场，你避无所避。长期在香港居住和任教，已经成为半个香港人的文化大家李欧梵，就曾在《又一城狂想曲》中记录道："早上穿过商场到火车站，搭火车到中大教书，傍晚再从原路回来。周末或得闲时，则时常和老婆手拉手逛商场。"在这种"逛商场的生活方式"冲击下，李欧梵以德国思想家本雅明（Walter Benjamin）为自己的理论照明导师，从自身居住及生活环境出发，兴致盎然地开始在香港实施起自己的"拱廊研究计划"。

本雅明被公认为是对现代世人有重大影响的思想家，他总爱在闲散、晃荡、慵懒中，行走于巴黎的旧街道，带着人文的目光

---

[1] "香港是个大商场"其实是 My Little Airport 乐队 2011 年发行的一张专辑的专辑名，被我借来套用为本文的题目。相信我的朋友阿P不会反对，因为其实我们所指的，都是一样的故事，无非他用演唱，我选择了文字。

去透达巴黎的底蕴。他在其《拱廊研究计划》(*Arcades Project*)中，以巴黎的 Arcades（即现在的商场）作为出发点，通过与 Arcades 相关的建筑结构、设计风格、商业运作、社会现象等视角，分析工业革命以后的资本主义在巴黎的发展情况，借此去探讨城市经验、城市空间与资本主义现代性的走向。仿效本雅明的《拱廊研究计划》，李欧梵从自己逛商场的体验中提问：又一城是否就是一种后现代的拱廊，代表着香港独有的城市特质和文化面貌呢？

　　又一城是一座位于香港九龙塘的大型购物商场及写字楼大厦，该商场拥有多达七层的购物设施，每日人群川流不息。商家取名"又一城"，是想营造出"柳暗花明又一村"的文化意境。从"村"到"城"，小小一个字的改动，塑造出来的，早已经不是山明水秀的田园风景，而是一幅资本主义的理想国：上一层楼，转一个角，又是服装店、珠宝店、家具店、餐厅、电影院，还有一座室内溜冰场。柳暗花明中，就是有意不让你走直路，让你将购物视为散步，将购物变成全家周末消遣娱乐的生活习惯，从而不自觉地落入消费主义的欲望陷阱中。

　　美国当代最有影响力的建筑师与理论家罗伯特·文丘里(Robert Venturi) 写过一本《向拉斯维加斯学习》(*Learning from Las Vegas*) 的小书，书中他以拉斯维加斯为例，认为建筑本身不仅是现代主义眼中一种单纯的设计，也是一种象征性标志，可以影响身处其中的人们的价值判断和生活选择。以香港为例，整个城市建筑的基本格调，就是撇开以传统街道为主的方格系统，走堡垒式的中央巨型系统。而这其中，商场无疑就是最具代表性的公众活动空间，在金钟太古广场、九龙塘又一城、尖沙咀海港城、铜锣湾希慎广场及众多超巨型大冷气商场里面，没有历史，没有冷暖，没有四季。一层又一层，上上下下的电梯把你载到商品的云端，目迷五色，耳乱五音，不知身在何处，只好意乱情迷地游走，不知不觉地走进商店，一次又一次地成为商品的俘虏。

"时至今日，购物成为有史以来最繁盛的时代，我们几乎是要做最大的挣扎才不购物。至于我们为什么要购物，其原因早已不再存在，不购物反而才是不正常。"李欧梵在其香港式的"拱廊研究计划"中，曾做过如此的总结。何止是香港，在我们身边一座座日益膨胀的都市里，那些密密麻麻眼花缭乱的大型商场，对于日益演化为商品"奴隶"的我们来说，一定不会感到陌生。大型商场通过地铁、商务楼、住宅区连接在一起，让身处其间的人们每一天都生活在商场中，填塞进焦灼、急切和满满的欲望，在一场早日晋升成为中产阶级的黄金梦中，一不留神就会发现自己已经满手"战利品"，满身品牌符号，在商场的流连回转中将积累的财富转换为身份的标签。

悲情·天水·围城

"我就住在这个著名的无人理会的天水围。"

这是刘国昌电影《围·城》里一句极为普通的台词，却一语道
出了香港最大的悲情和无奈。

我是今年香港国际电影节期间观看的这部电影，电影以香港
天水围小区为故事背景，讲述了一帮隐蔽青年如何在挣扎之下沉
沦犯罪的故事。这其中被导演所刻意聚焦放大出的黑暗和丑陋，
与上个月刚刚公映的许鞍华新片《天水围的日与夜》（*The Way We
Are*）形成了巨大的反差。

《天水围的日与夜》也是一部将镜头对准天水围的电影，许鞍
华意欲通过再现天水围两个家庭简单的日常生活，来展示出人性
的温情。然而当电影里出现独居婆婆为了省钱，只买十元钱的牛
肉，炒出两碟菜心牛肉，一餐作两餐吃；寡妇母亲为了获得免费
派送的纸巾，叮嘱儿子步行到很远的便利店购买报纸这些小细节
时，我们感受到的，依旧是天水围的叹息与辛酸。

"人间沙漠"式的悲情

天水围地处偏远的香港新界元朗区，是本港人眼中的"悲情

市镇"：虽然该小区只有区区二十七万人口，却是全香港最多内地新移民，最多失业人口，最多低收入贫困人士，最多单亲家庭，最多独居长者和最多青少年问题家庭的小区；同时，这里又是全香港就业机会最少，公共及康乐设施最少，社会服务最少，居民外出务工交通和时间成本负担最昂贵的小区。在贫穷、失业、孤独、压力以及社会适应和子女成长等问题重重影响之下，这里的居民找不到合适的途径宣泄压力，悲观氛围郁积，于是就如同《围·城》的情节一般，发生了一宗又一宗震动整个香港的家庭伦常惨剧。

2007 年 10 月，一名领取综援的妈妈把自己只有十二岁大的女儿和九岁的儿子捆手绑脚，不顾哭泣求饶地硬生生从二十四楼推下，随后自己跳楼，三条生命就此终结；2006 年 7 月，三名同是三十余岁的单亲母亲，相约在其中一人的家中写下遗书说生无可恋，在屋内烧炭身亡；同年 6 月，一名中年男子因不满内地新移民妻子提出离婚的请求，在一个货柜内用铁锤残忍地杀害了自己的爱人；2004 年 4 月，一名无业男子用刀刺死自己新移民的妻子和一对六岁子女后自戕，送院延医十二日后离世；更悲情的发生于1999 年 10 月，一对夫妇因债台高筑走投无路，于是狠心地捆绑了三名未成年的儿子，一家五口烧炭而亡……

这一幕幕血淋淋的悲剧仅仅只是天水围众多不幸中最为凄惨的——当我 2002 年在香港国际社会服务社的协助下进行天水围新来港人士辅导调查的工作时，就曾经一度为这里表面安宁之下的触目惊心感到绝望。然而六年过后的天水围，贫困人士和新移民家庭的日日哀叹似乎不仅没有好转，反而更加糟糕，连歌手李克勤都在歌曲《天水·围城》里大声地唱道："围住了的血汗围住了的跌宕／围住了当初的厚望／越来越渴越来越觉／没能力去闯出沙漠。"

悲情何来？

为什么总是天水围？天水围"人间沙漠"式的悲情，又从何而来？

天水围的前身是一片大鱼塘，自从1898年英国租借新界以后的很长一段时间里，这里的村民都过着自给自足的渔农生活。20世纪70年代末，随着香港经济的快速起飞，当地村民决定告别自祖辈起就开始经营的鱼塘鸭场。李嘉诚的长江实业集团瞅准了这个机会，于是大手笔地收购了所有土地的开发权，以发展现代性的居民住宅。到了1982年，当时的港英政府为了建造新市镇以配合香港的整体发展，就和长江实业达成协议，以政府的名义收购了天水围的全部土地。在港英政府的大力推动之下，天水围周边的鱼塘几年不到就都被填平，取而代之的，是一座生气勃勃的新市镇。

结果天算不如人算，20世纪80年代内地改革开放，香港制造业北迁珠三角，原本定位为工业市镇的新城，就这么瞬间失去了原有的工业活力，并提前为日后区内就业机会的缺乏埋下了祸根。到了香港回归之后的 1998 年，受到金融风暴的冲击，全城经济陷入低谷。为了缓解经济压力，当时的行政长官董建华提出每年兴建八万五千个居住单位的"八万五"房屋政策。按照当时的设想，天水围地区被规划成为供应大量居屋楼房的重要地段，但伴随着金融风暴影响的扩大，大量居屋不得已遭到停建，原有单位于是被改建成为接收低收入家庭的公屋。除此之外，那些原本用来建立夹屋，满足夹心阶层（即收入不足以购买私人楼宇，又不合资格申请居屋及公共屋邨的中等阶层市民）住房问题的用地，在"夹心阶层住屋计划"取消后，也被用来建立公屋。一时之间，整个天水围新市镇处处公屋林立。

按照香港的规定，居屋单位对每户人口限制较为宽松，而公屋由于其接受低收入家庭的特殊性质，每户要求容纳更多的人。大量公屋在天水围的出现，不仅导致该地区人口由早期的十多万暴增至二十七万，一下子跃升成为全香港人口密度最高的小区（约二十万人/平方公里），而且由于公屋居民的比例高达 85%，新市镇成为名副其实的"贫困市镇"。

如果仅仅是物质上的困境，尚可以通过各种政策措施进行硬件上的改善，但精神上的困境却难以在短期内得以消弭。在一本描述天水围家庭主妇的《天水围十二师奶》（蓝蓝的天，2006 年12 月）一书中，曾为典型的天水围"师奶"总结出了如下特点：都是大陆新移民，文化知识水平不高，丈夫不是患病，就是在内地包二奶；一个异乡人带着子女在疏离的小区生活，不仅语言和文化上存在着隔阂，生活上也有诸多不便；最为要命的是，这些来到香港的新移民妇女，当初都是抱着对香港的巨大期许和理想来到这里，但是香港不是天堂，天水围更似人间的凄苦地，心理上的巨大落差，往往又无处找寻帮助，翡翠台的记者就曾尝试着晚上打社工咨询热线，电话转来转去，就是没法找到值班社工。

　　也许在许鞍华的影像中，天水围依旧充满着温情与希望，但当《蝙蝠侠》、《街头超人》等好莱坞商业大片在全香港各大小影院日夜轮放的时候，《天水围的日与夜》却仅仅只能够在一家影院上映，并且映期只有六天：现实中的天水围就是如此孤零而少有人瞩目，而这也正是"悲情市镇"真正的悲情所在。

在"文化沙漠"里看到绿洲

这是谁的城市？
——我城这三十五年

　　这是谁的城市？ 20世纪70年代中，香港作家西西在其经典作品《我城》中提出了这样的疑问。2009年的最后一天，凌晨1点半，油麻地，我正坐在周思中的家里，和朱凯迪聊香港这几年涌现出的公民抗争与保育运动。我们都有一种很强烈的感觉，就是这几年，香港人迸发出了一种"这是我的城市，我要参与它的规划和决策"的决心和行动力，而香港一群80后的年轻人，更是凝聚成运动的主力，他们通过各种方式积极介入社会议题，并感染着新一拨青年人的参与。

　　周和朱都是香港"本土行动"的核心成员。2006年底，香港政府正式启动了中环第三期填海工程，曾陪伴香港人一个世纪之多的天星码头遭遇清拆。在推土机的巨大咆哮之下，"本土行动"宣告成立，他们通过集会、辩论、出版刊物等形式，呼吁港府重视对承载香港故事之公共空间的保育，以保存香港人共同的集体记忆。三年后，这座城市里，反高铁的洪流正在汇聚；立法会门外，日夜苦行的青年也在以一种平和的方式表达自己对公义和尊重的诉求。我一直感到很好奇，以周和朱为代表的这一代香港年轻人，他们投身社会运动的巨大力量和热情从何而来——这里，不是被人们称作"浮城"，不是被贬喻为"借来的时间，借来的地方"吗？为什么在他们身上，我似乎又重新看到一个充满了活泼、进取、冲劲、动感和开放的城市，就好像西西《我城》中 70 年代的那个香港。

70 年代的香港，是一个充满着朝气的城市。在总督麦理浩的社会改革之下，港府先后创立了廉政公署整治官员贪污，设劳工署调解劳资纠纷，同时启动长期建公屋和居者有其屋计划，以及九年制免费基础教育，从而打下了香港 20 世纪 80 年代经济高速增长的基础。而 70 年代末内地的改革开放，也及时雨地解决了香港日渐百物腾贵的困局。社会经济的急剧发展，相应带动出向上流动的机会。年轻人无须忧虑出路，只要肯努力，谦虚学习，就可以很快地在个人事业上取得大发展。在这一个充满盼望的年代，《我城》里的阿果努力地修理电话，麦快乐认真地看守公园，尽管这并不是一个童话世界，社会依旧有着各式各样的问题，他们都觉得不需担心，因为他们深信，只要同舟共济，没有问题是不可解决的。连电视台的新闻评述员都说："对于这个世界，你是不必过分担心的。你害怕石油的危机会把我们陷于能源的绝境吗？你看看，我们不是安然度过了吗。你为了水塘的干涸而惊慌恐惧，认为我们即从此要生活如同沙漠了吗？你看，及时雨就来了。对于这个世界，你无须感到绝望。"

三十多年过去了，跟随着《我城》这本小说一起在 70 年代中期出生，或者之后几年出生的新一代香港人，却在很多社会观察家的笔下，被定义为困惑、失落、感到绝望的一代。他们并没有经历过香港经济起飞的黄金白银期，青年时便要面对实实在在的香港前途中英谈判。到了90年代，伴随着大学及专业资格的普及化，学历一跃成为个人能否晋身中产的关键，埋头苦学待到大学毕业，却发现香港正面临着"边缘化"、"下流化"的"中年危机"和政治迷思。由于经济转型及资源分配的困顿，社会流动日趋僵化甚至停滞，机遇不再信手拈来，过往70年代个人只要努力拼搏就可以成功的经验亦烟消云散。《我城》里的光彩和朝气不复见了，代之而起的是惶惑与不安，同舟共济、包容互谅的香港精神也仿佛成了书本上的桥段。

但，2006年底的保卫天星码头却是一个转折点。那一个月，保卫码头的年轻人手挽着手，用身体挡在推土机前面，他们虽然不停地被警察阻挠，不停地被抬走，不停地被驱赶，却唤醒了大众对本土文化的珍视，对回归城市空间的诉求。这之后，越来越多香港的年轻人深入到城市的角落里，挖掘城市所赋予的身份意识、本土情怀，以对抗单极的地产主义和中环价值，有关集体记忆、文化保育、创意艺术、小区重建等议题也因此重新受到重视。

西西在《我城》里曾问："如果这个炮有一天又轰起来了，你怎样呢？你会逃走吗？你会守住这个城吗？"今日的香港，地产集团垄断并主宰了城市的经济发展，日趋明显的大陆化趋势也戏剧性地把香港"只是另一个大陆城市"的身份和深层次的政治矛盾彰显出来。在这样的大环境之下，年青一代的香港人，却越发树立出对这个社会自主承担的立场，重申这是"我们的时间、我们的地方",是"我城"。这样的转变,无疑是根植于本土经验的青年一代对于香港价值的失衡、本土空间的萎缩、主体性被长期贬抑所作的反抗。

　　周思中的家里就好像一个小型的公共图书室,地上、沙发上、桌椅上都凌乱地堆放着各种书籍,很多都是关于香港本土论述的文论,以及各种理论经典。这批香港青年人的能量,很是让我感到吃惊。在"我城"的情怀之下,他们不仅仅是有行动欲望、能力和政治视野的行动者,同时也是书写者,会去读理论,会用不间断的写作来理性地阐述自己的想法,而不像某种作家采取不涉政治的避世姿态。对照内地同样年纪的年轻人,似乎很难找出与之相应的人物。在社会转型的诸多问题面前,我们也会感到焦虑、迷惘、愤怒,但是我们的苦闷都是很内向的,都是从个体的角度出发,在个体上的宣泄。我们并没有意识到,我们情绪上的困境,其实也是集体的困境,是社会结构上的问题。这也许是因为两地政治制度和社会环境的不同所造成的差异,但不可否认的是,我辈们似乎缺乏了对"我城"的体认,或者在消极冷漠的接受既有的规制安排,或者在"我国"的光环之下高唱盛世,而难以形构成一个有力的共同体。城市既然让生活更美好了,大家都在循规蹈矩、各行其是,微微的小小的嗨。

　　西西的《我城》虽然写的是香港,但今天再看,其实并不囿于对某一个具体的"城"的怀念与希冀,她也借着阿发的班主任老师之口道出了她的企盼：

　　你们既然来了，看见了，知道了，而且你们年轻，你们可以依你们的理想来创造美丽的新世界。

废墟中看见罗马

根据一般人的理解，香港的核心价值莫过于香港人的勤奋和努力，让香港从昔日的一座小渔村发展成为今日的国际化大都市。在强势政府的"励精图治"之下，"亚洲的国际都会"被塑造成炫目的主打标语，城市现代性发展的需求使得香港的面貌日新月异：西九龙建设要联合世界八大国际美术馆共同进驻，中环新海滨要发展成为象征香港的世界级海滨，从九龙望向对面的维港海岸，极目尽是权力与财富的象征。

然而这几年在香港的工作和生活，带给我的最大感受，或者说香港的最大变化，除了经济上的强劲复苏与活力再现之外，就是香港人对与自己生活息息相关的议题，开始表达自己的看法和主见。不少香港人觉得自己在社会事务上不单有发言权，还应有决定权，他们积极参与到有关集体记忆、文化保育、创意艺术、小区重建等本土公民运动之中。

这层蜕变可见诸一些具体的例子。例一是维港填海问题，及它所衍生出的法律诉讼，乃至"共建维港委员会"的成立。这个委员会从一般性的咨询组织，逐步发展成为香港政府与小区组织之间的一个合作平台，见证了昔日的"公众咨询"，如何过渡成为今日的"公众参与"。例二则是"西九龙文娱艺术区"发展方案的推倒重来,它明确反映了香港市民大众对文化政策参与的诉求,不再是以偏重商业色彩的地产主义为倚赖,而是要凸显出香港作为香港人情感依附和关联的所在,是他们历史记忆与本土情怀交织在一起的文化归属。

2006 年 11 月 11 日午夜 12 点,我和许多香港人一起,伫立在位于香港中环的天星码头边,看着这座已经运营长达 48 年历史的码头,熄灭最后一束航道灯光。

一旁的香港本土乐队在不停歇地用英文唱着不知名的歌曲,重复着"Is there no other way"(难道没有其他的可能)这句歌词。伤感与哀叹之下,无数的镁光灯闪烁不止,将码头的最后一晚照得分外明亮。

12 月 12 日,拆卸工作依照计划如期开始。同日,一部分香港团体和市民高举着"保存集体回忆"的标语牌,来到天星码头的现场,呼吁政府重视对承载香港故事之公共空间的保育,以保存香港人共同的记忆。

本雅明在 1940 年完成的《论历史哲学》(*Theses on the Philosophy of History*)一书中写道:"过去的画面一闪而过。过去只有在它作为瞬间闪现的意象才能被抓住,在这一瞬它能被认出,并不再重现。"

这个时候,天星码头的运输功用已经退去,而情感功用却不断生发,码头成为香港民间自发举行艺术、学术、文化等公民活动的场所。在这里,香港人将自己对香港这片土地和历史的热爱,转化为音乐、诗歌、集会和辩论,共同诉说着"天星码头,哪里都不要去"的心灵呼声。斑驳的木椅与栏杆，古老的楼梯与告示牌，还有一张张香港人鲜活的面孔，再一次凝结成香港人集体记忆中无法磨灭的珍贵画面。因为香港人知道，香港人对香港的认同与爱，需要建基在对历史的认知之上，不尊重历史的香港，难以长出根与认同。拆毁天星码头及其他承载历史痕迹的建筑，是把根拔起，对香港公民社会的发展，不啻于一个灾难。

在香港人集体的呐喊与抗争之下，2007 年 1 月 8 日，香港政府推出了改革保护具历史价值建筑物的新政策，承诺加入民间所提倡的"集体回忆"元素，作为评定须保护建筑物的准则。香港人因天星码头而觉醒的集体记忆，就此发展壮大，成为增强集体认同感、促发公民运动的本土力量。这两年活跃于香港的龙应台，在《香港你往哪里去？》一文中就这样写道："认同，从敢于拥抱自己的历史和记忆开始，而一万个政治人物的爱国口号呼喊，不如一支低沉的老歌、一株垂垂老树、一条黄昏斑驳的老街，给人带来抵挡不住的眼泪和缠绵的深情。老歌、老树、老街，代代传承的集体记忆，就是文化。"

天星码头之后，又有原址保卫皇后码头的努力，中区域多利监狱、旧警署和中央裁判司署等古迹建筑群的命运也再度引起关注。从天星、皇后，乃至利东街、庙街、深水埗和大角咀等重建区的废墟中，我们看见了香港人要求参与决策社会事物的决心，其目的是要恢复香港的价值、香港的精神，让香港的历史、文化和庶民生活从地产商的手中回归市民。香港传媒人马家辉曾在

《明报》的一篇专栏文章里写道：从废墟中看见罗马。罗马不是一天可以建成的，但是，只要每个人还记得自己的公民身份，那么，一个恺撒并不能改变罗马的共和国地位。

香港回归整十年，我虽然没有经历过"九七"回归时的迷惘与反思，也没有体会到晋身负资产的辛酸与凄苦，并且迄今依旧在摸索，试图从实用主义、工具理性的社会大环境中，寻找出香港仅存的一点人文色彩，但是不可不承认，香港人的坚韧与执着、乐观与勤奋，特别是对本土生活经验的认同与热爱，都是这个拥有小猪麦兜、拥有公民意识的城市吸引我继续驻足的动力。

这是香港的优势，也是香港赖以自豪的精神价值，更是内地值得借鉴与学习的参照所在。

情欲想象与面包芳香

在台湾，买内地的书比较困难，在内地，买港台和欧美的书也不容易。只有在香港，内地、台湾乃至世界各地的书籍都可以买到，特别是那些因为各种原因一时无法在内地出版的书籍，更是成为不少香港二楼书店吸引内地书虫的主打。

例如时代广场对面的著名楼上店"人民书店"，就专门以"红色"为招牌，以那个特殊年代流传下来的毛主席语录、毛主席纪念章、红色招贴画等红色物品为镇店法宝，加上很多珍贵的"禁忌"著述，往往让很多初次来此的内地游客眼前为之一亮，大呼过瘾。

不过这样一份过瘾，于我而言却更加谨慎，并且常常掺杂着一份忐忑不安。所谓忐忑不安，来自于书店地理位置的尴尬。隐藏在破旧大厦中的楼上店，往往需要我鼓起成倍的勇气，钻进狭小的楼道中，沿着又暗又窄的楼梯，在一片压抑的气氛下不断攀爬，才可以找到书店所在，然后大叹"柳暗花明又一村"。最令人难忘的心情体验，大概莫过于将找书店的研读愉悦与香港"一楼一凤"的情欲联想混杂在一起，心虚地以为那一层层阶梯，带着我迈进的并不是一座知识的宝库，而是一片寻花问柳的声色场。于是，每一个脚步，都充满了猎奇式的心虚和探险式的紧张。

这是有事实为证的。那著名的"人民书店"楼上,就是一家专卖"成人服饰"的情趣店,楼梯的两边除了大幅的书籍海报,还有裸露而夸张的"美人图"。我第一次去"人民书店",就以为自己走错了地方,退出来一次确认再三,方才又钻了进去,还得揣测着路人的眼光,是不是将我误会成了纵情于春海的"小鬼"。

这样的联想,也是有历史为证的。当年古罗马的塞尔瑟斯图书馆(Library of Celsus),距离其一步之遥的地方居然是一家妓院。很多男人在欲火难熬的时候,向老婆或者老妈扔下一句"我上图书馆读书去啦",就堂而皇之地走进了妓院。当然会有那疑心重的妇人一路跟踪而来,妓院的老板于是别出心裁地想出了一个妙招,在图书馆和妓院之间挖出一条隐秘的地道,将两者连接在一起。可怜那妇人在图书馆门口守上半天,还真以为丈夫是在埋头苦学。从图书馆再到妓院,满足了男人精神欲望的同时,又能够满足肉体上的欲望,可见书中自有颜如玉,确实不假。

撇去香港阁楼书店带给人的情色想象,我更钟情于书店的味道。湾仔地铁站边上有一家三联书店,独自占据了一楼到三楼的三层空间。每次"打书钉"结束,下到一楼,台湾作家欧阳应霁四卷本《香港味道》的大幅宣传海报就跳了出来,这当儿,竟有一股丝丝缕缕的街边烤面包香扑鼻而入,真是让人恍惚,以为自己身处巴黎的小巷。

原来,在香港,阅读是有味道的,而且还是热烘烘的面包香。

香港还有个读书人

因为我自己也写书评，所以深知写书评之苦，也所以在看见梁文道的这本书话结集时（《弱水三千：梁文道书话》，上书局，2006 年 7 月），就毫不犹豫地买了下来，以做自己时时刻刻对照的榜样。不过不同的是，梁的报章编辑给了他最大的自由，可以依自己的读书偏好信笔由缰，正如梁在序言里所言那般，"它更像是自己的课外阅读报告，所以零散，而且偏食的倾向很严重"。

我则没有那么好的运气，首先就需要先过选书的大关：太文学的不能要，太政治的不适合，内地已经出过简体版本的直接忽略，香港报刊专栏结合成的文集也能避则避。这么一删选，好像留下来可以评的书，已经不多了：香港本来就是一座"小城市"，香港人又本来不怎么热爱阅读，出这么多书，做什么呢？但是如果不出书，我们评书的，又该怎么办好呢？

看看，一本两百页不到的小书，竟然采用美国国会图书馆分类法来分类目录，包含了下列诸种范围书籍的评介文章：A. 总类；B. 哲学、心理学、宗教；D. 历史、人类学、娱乐；EF. 美洲历史；G. 地理学、人类学、娱乐；H. 社会科学；J. 政治学；L. 教育；M. 音乐；N. 美术；P. 语言学、文学；Q. 科学；R. 医学；T. 科技；Z. 图书馆学、信息资源。这么杂而广的题材，可见梁文道是个典型的"杂食主义"崇尚者,香港中大历史上学生读书最多的传闻看来是真的。《山海经》曾经有云:"有大山,名曰昆仑之丘。其下有弱水之渊环之;其外有炎火之山,投物辄然。""弱水"是扔什么都沉下去的渊泽,作为此书的书名,看来梁文道是有着在阅读世界中继续沉沦下去的欲望和快感,并且会有选择地跳下去——整本书占据最多篇幅的题材,是文学、电影、社会还有历史。

大概是自己的偏食倾向同样也很严重的缘故,我就很喜欢读他那几篇对香港本土作品的研读体会,且深感其趣。例如在《读读书不如读书》中,本来是为文学杂志《字花》创刊所写的短文,却扯到了香港的读书会,并且一本正经地比较了三两志同好友流觞曲水分享阅读心得与声势浩大的读书讲座之间的区别,最后精辟地总结道:"糟了,香港阅读运动的病已经深入骨髓。"再比如《报纸是怎么办成的》一文,分明评的是马家辉父亲,前《东方日报》总编辑马松柏的《香港报坛回忆录》,却带出了自己年轻时候如饥似渴般阅读"性学大师"梁小中在《东方日报》登载的风月小说,并且还洋洋得意地袒露了自己的小聪明:先名正言顺地叫父母寄来刊有某名家的专栏剪报,然后心跳加快地迅速翻到背页看风月文字。这个梁文道,文字嬉皮却又头脑清醒,处处透露出一个香港读书人的狡黠和机敏。所以说要想书评写得好,还是要讲究一个地然因素,在一个文化圈中浸淫日久,一个小不在意就会发现很多点滴的好和坏,然后就有在细节上入手把握的自信和从容了。

墨西哥作家塞伊德（Gabriel Zaid）在他小书 *So Many Books* 里作了一个小统计，发现当古登堡发明活字印刷术的时候，全世界一年只有一百本书出版；到了电视出现的 20 世纪 50 年代，每年推出市场的书已经达到二十五万种；到了 21 世纪的今天，全世界平均每年有一百多万种新书上架。根据这个数字，塞伊德不无感慨地认为，如果一个人一天读一本书，那么他将遗漏掉同日出版的其他四千本书。换句话说，他没有读过的书籍将以每日四千倍的速度不断超出他所读过的书，而他的无知也将以四千倍的速度超过他所知道的事情。

对此，作为爱书之人的梁文道，也不能不苦恼于家中越积越多的小小图书馆，因为那就是一堆看不完的书，是一项庞大的阅读计划，"书架上从未读过的书是种道德负担，败德如我也不免感到它的重量"。不过在梁文道看来，与不会完成的阅读计划相比，更为沉重的却是来自友人的赠书。不读吧，似乎下次和朋友喝酒聊天时不好交代，兄弟情谊，书籍纽带；读吧，出书的朋友日益增多，又从哪本赠书开始入手读起呢？

我猜梁文道一定没有读过余光中写的散文《尺寸素心》，否则他一定会从文中得到启发，向余先生的朋友看齐。余光中有一次新书出炉，兴冲冲地寄赠了一些给朋友。其中一位聪明的老先生过了两个月才来信致谢，说他的太太、女儿和太太的几位同事都争相拜读余老大作，直到现在还不曾轮到自己，足见该书的魅力如何云云。如此精妙的回应，大概只有同样爱在书中找乐子，却又哀叹时光苦短的读书人才能想得到吧。

所以爱读书的人都是大天才，在明明知道书是永远看不完的情况下，还能饶有耐心和恒心的继续以书为友，评三道四之余外加联络友情，甚是得晓其间乐趣。

不读书的城，读书的人

香港果然是一座不读书的城市。

法国作家福楼拜曾经说过一句话："阅读是为了活着。"可惜这句话太不入潮流，忙碌的香港人不会有时间听得进去，因为现实的景况是，不阅读，会活得更好。北大中文系教授陈平原就在一则关于读书的小文章里描述过自己在香港访学时的亲历：内地文学教授羡慕着香港大学里那不受任何阅读限制，古今华洋皆可触及的图书资源，加之优厚的薪酬待遇，自然想当然地认为这里是做学问人的阅读天堂，可惜做学问并不意味着必然热爱读书，大学也不是闲情阅读的必然场所。几个香港教授哈哈一笑，说内地教授你外行了，教授也不过一种职业而已，正因为钱多，必须消费，哪里又有时间读书呢？

所以香港一批坚守阅读思想的独立文化人，才会变着法子在书的选题、内容、排版、样式再到装帧、设计、插图，乃至书的形貌上一一创造出新的花样，以吸引那些可能只是不小心走进书店的过路客们，或者是那些关注外在"好看"重于实质好看的伪文艺青年们，慷慨解囊。

这本《书到用时》（文化工房，2008 年 4 月）就是如此意义上的一个创新典型。出版社文化工房，乃是香港本地年轻作家袁兆昌成立的独立出版社。做出版大概是每一个爱书人毕生最大的理想，然而理想容易实现，实现之后又如何维继之，却似乎成了一个在香港难以解决的终极难题。是依旧按照读书人的思维坚持走人文艺术思想的路线，还是呼应整个躁动的环境大氛围，搞搞工具书、教辅书、甚至淘金秘籍类指南书？

这样的问题必定曾萦绕在每一个出版人头上。妥协的结果，严肃读物轻装上阵，《书到用时》被压缩再压缩，成了一本近正方的小巧袋装书，并被赋予了"掌可握"的潮流内涵——要知道，真正的爱书人是不会舍得将心爱的书塞在口袋里的，"掌可握"虽然便捷，但又如何可以体会到那种手不释卷的充实与满足感呢？出版社为了进一步迎合香港年轻人的口味，还专门请来了插画师在每篇文章的正文前配上桃红色的人物插画，青春的格调确实突显了出来，但却似乎又与读书的主题相冲突——真正的读书人哪里会在意书的花哨配图，书影也许比人物肖像，在这里会更为应景。

然而积极的一面说来，出版社也是良苦用心，无非冀望通过新颖的设计扩大销售，并鼓励更多的年轻人多读书，多读有意义的书，毕竟香港是个读书成本远远大于不读书收益的城市，书籍的力量太过于微小，读书人和出版人都只能选择妥协。

只是难为了作者叶辉。撇去上述种种批评，这本书的内容绝对上乘。叶辉在香港有"民间学者宗师"、"文化界北野武"之美誉，可见真功夫的到家。这是一位会因为法国哲学家波德里亚（Jean Baudrillard）逝世而推掉与友人的饭局，选择在家独自沉重思索的读书人，无疑，这样的读书人在香港是作为一种异类存在的，所以他们的阅读经验更显珍贵。

书到用时当为用，书的理想归宿是得其所用。在这本书里，叶辉从自己广博的阅读生涯里挑选出了诸多书籍，并以这些书籍为背景，去讨论各项时事议题。从严肃的政治话题，例如缅甸的袈裟革命、巴基斯坦流亡女总理贝－布托的被暗杀，再到严肃的人文思想话题，例如左派的诞生与消亡、摄影的记忆与象征，以至香港本土热话的电视剧《溏心风暴》、蝙蝠侠来港、天水围的贫穷经济学等市井民生，叶辉总能信手拈来，通过援引大量自己熟读过的书籍，或者作为论据，或者作为案例，透过事件予人的本相，去探讨内里的真意。青文书屋老板罗志华葬身书堆的悲剧，叶辉搬出捷克作家赫拉巴尔（Bohumil Hrabal）的代表作《过于喧嚣的孤独》（*Too Loud A Solitude*）来暗讽香港的现实：喧嚣的是机器一样的世界，孤独的是废纸一样的人和书。蝙蝠侠在香港的风靡，叶辉看到的却是思想家齐泽克（Slavoj Zizek）所提出的"普遍性三层次"：全球化的普遍性之下，资本形式与国族的关系，不一定是强制的压迫，也可能是某种自我殖民化，是对文化平等革命的普遍需求。

书到用时当为用的第二层意思，读书人要学以致用。读书虽然出于个人爱好，"学问只在自修"，读书人也好讲究一个读书人的傲慢之气和独有的姿态感，但是倘若与寻常社会生活相脱离，关起门来独自品评，则未免有些敝帚自珍小家子气。满腹经纶，不必然说需要拯世济民，但至少应该有能承担和公众相呼应的勇气，通过个人的思考和阅读轨迹，带动整个社会的思考和讨论，甚至因此可以培养出哪怕是一点点普通大众对于精神世界的探索（这正是香港极度缺失的）。这正如作者在书中所言："文章在刊物发表，便是供公众阅读的'响应'。不一定要树立什么读书人的形象和权威。"

只是这两点，在"娱乐至死"（作者语）的香港，在这座不读书的城市中，显得多么的冷清与落寞，知音寥寥，书到用时，弦断无人听。

散文家也斯

　　我对诗歌没有天赋，也所知甚少，只是粗浅地从艾青入门，读北岛、食指、海子、顾城、于坚，他们的诗总能进入我心灵的最深处，拨动我的神经，让我在某一个瞬间，或者某一个时间和空间交汇的点上，觉察出自己一种近乎原始的渴求和诉说。不过到了现在，这样的诗人越来越少，甚至有一段时间出现了所谓"梨花体"，这对于诗歌而言，真是一种反讽。

　　但是有一天我读到女诗人尹丽川从北京后海喝酒回来后写的两句话，立马灵魂受到了想象力的强烈冲击，史学的镜像和美学的视像交织在一起，久久不能停罢。我知道，我一定是哪根神经突然错位，否则不会这么激动，并且发出文人才有的嗟叹。北京朋友若是知道我这个连北京都没有正儿八经待过的人竟然会如此，定会认为我多愁善感，外加一句"不靠谱"。

　　尹丽川只是写道："一下雪，北京就成了北平；我们去后海看雪，就回到明清。"

　　之所以扯到我对诗歌的认识，是因为我在读香港作家也斯（梁秉均）的诗时，似乎总是难以生发出同感式的共鸣，甚至连图像的影子都没有。事实上，在也斯的香港诗歌中，经常会出现旧时香港的琐碎景象与人物，这是香港人的集体回忆，也是很多香港本土作者的叙事潮流——从旧时香港的老街道、老街坊、老味道、老故事中缅怀,进而追寻自己的香港本土意识与认同。

这就很奇怪,为什么明明在香港的时间远远多于北京,对香港的认识也远远胜于北京,可就是无法从也斯的诗中读出香港呢?也斯曾说过,他最不能忍受来自外地的作家对香港一知半解式的解读,因为"这很容易变成猎奇式的浮光掠影"。我想这应该出自我的身份原因,没有在香港有过一段成长时期"刻骨铭心"的记忆,这大概是我尝试以"在地"姿态解读香港的一个难以克服的硬伤。

然而我在翻看也斯的散文集《也斯的香港》(香港三联书店,2005 年 2 月)时,却发现了他文字中情深意绵的另一面,以及另一个香港。

《也斯的香港》记录了也斯所捕捉到的香港一些典型或者不典型的人物和地方,最早的一篇闲谈书与街道的文章竟然写于 1970 年,可见也斯记录的香港,是一个三维度的香港,加入了时间这一重要元素。同时,也斯又很爱撷取城市中的某个独特侧影,例如柴湾的一棵榕树、北角的一间食货铺、小说家刘以鬯的一次创作冲动,然后通过可能并不显眼的日常生活描写,从点滴中让读者去感受香港的面貌。

这就和诗歌不同,散文长短句的描摹更加应景和具象,即便思维的跳跃促使作者必须在两段看似风马牛不相及的段落中游走,但由于主线并未有抽离,所以实际上反使文章增添了色彩,增添了情趣。

　　例如，也斯在描写好友叶辉的《从瓮中长大的树》一文中，将与自己一样成长于 20 世纪六七十年代，在种种混杂文化背景下汲取营养的香港文化人譬喻为"我们都是从瓮中长大"，并且进一步指出："在香港长大，其实也是在种种限制中长大。因为限制特别明显，也分外自觉去超越它。幸好瓮口总可以张望天地，瓮内也有宽大的圆腹。"这种"瓮中树"的思想又贯穿于也斯的其他文章中，可以是在香港挤迫空间中无家可归的诗（《兰桂坊的忧郁》），可以是在繁华喧嚣的上环高楼间鲜艳的画作（《在上环绘画古诗》），也可以是北角破败市井中不少朋友彼此交叉相汇的童年（《镜像北角》）。也斯在重现他们这一代对香港文学和文化的贡献时，也将"瓮"的概念流线化，瓮的体积在时间的长轴上越来越大，而瓮中人的呼喊和抗争却越来越弱小：

　　　　香港作为写作的环境的确愈来愈不理想，发在综合性的刊物上，作品被刊物自我检查、删改，或因编者的疏忽、美术编辑的轻狂、校对的固执而变得面目全非。在这样的情况下，特别感到寄人篱下之苦。在香港写作这么多年，最近可是愈来愈感到专栏的水平低落，不负责任的意见充斥，流行言论愈来愈张狂，要发表不同想法愈来愈难。香港是我的家，写作是我的本行，但我的家好像也变成一个陌生的地方，找一个地方说想说的话也不是那么容易了。（《兰桂坊的忧郁》）

这是一段具有抗争意味的文字，也是一段忧心香港逐渐失去本我的呐喊。所以，相对于诗人也斯，我更喜欢散文家也斯和他笔下的香港。也斯沉浸于香港的瞬间意象，再演化成故事，娓娓道来。一个人的力量是微小的，香港的城市外貌老被地产商所支配，香港人的集体记忆老被媒体轰炸所湮没，也斯不过是在想："那些小路旁边的事物，那些没有放大登上报刊头版的人，也许也有他们值得听听的故事呢。"

二十一年林夕

　　《曾经——林夕90前后》（皇冠书业，2006年）这本书是那位灵机一动，将简体"梦"字拆开做自己笔名的香港填词人林夕的散文集，其实文章都是旧的，是林夕20世纪80年代末90年代初两年出版过的三本书的合集，都是专栏结集，包括《某月某日记》、《即兴演出》、《盛世边缘》。16年后，再一次重现在读者面前，读来又有几多对岁月的别样感慨和伤叹。书名叫《曾经》，因为这是林夕1985年出道时发表的第一首歌词作品，由钟镇涛演绎，在20多年后的今天，仍然让人难以忘怀。

　　全书共分六章，分别是"一个人的味"、"世纪末荒凉"、"总的是牵缠"、"活着自活着"、"此爱"和"感动"，连在一起看，就好像一首时间流转、空间变换的词曲。主人公流离于世纪变迁中繁华的都市会所，内心却一片苍凉寂苦。为了生计和未来，辛劳并坚持，执着并专心，在一场关于梦想的旅行中充满期待地前行。

　　事实上，曾经的林夕，从香港大学文学院毕业之后，在大学、报馆、电视台都工作过，同时为报纸杂志撰写七个专栏。在罗大佑与群星共唱《明天会更好》，崔健吼出第一声《一无所有》的1986年，林夕通过参加歌唱比赛负责填词部分辗转入行，正式晋身为专业词人，在随后相当长的一段时间内，于蛰伏中等待机遇的垂青，可以说是"个中多少苦，谁解其中味"。1989 年，两首同为林夕填词的作品——张国荣的《无需要太多》和谭咏麟的《八十以后》互相较衡冠军榜，林夕才正式为词坛所瞩目。90 年代初，林夕与罗大佑合作，加盟罗大佑音乐工厂，写出了一批批古典诗意与现代词汇相融合的名词佳作，正式奠定其香港"词坛教父"的地位。迄今为止，林夕创作了近 3 000 首词，获得了无数次大奖，也同时造就了一个通过一己之力更新华语乐坛的神话。在这个神话里，有林夕的罗大佑、林夕的张国荣、林夕的王菲、林夕的黄耀明、林夕的陈奕迅……

林夕的歌词，以对事物观察入微，对生活体味别致而著名。他的散文，虽然涉及的题材有些杂乱，但风格亦是如此，都是从小眉小目的身体语言和城市琐事出发，利用其丰富的文学修养和创造力营造情感的冲突和张力，展现他既含蓄又大胆，既细腻又澎湃的感情世界。从这本书中，可以随手采撷到类似的文字。比如在《地铁母子》中，林夕写道："一个母亲抱着她的婴孩在怀抱，母子二人正奋勇在地铁月台上转车，在地图上由一条支线跳到另一条支线之际，忽然失足向前扑倒，母亲并不气馁，第一时间挣扎起来，没事人般又向前跑，迟了恐怕车门关上，迟了恐怕来不及冲最好的奶粉给婴孩充饥。"本来只是一段怀抱婴儿的母亲在地铁转车时发生的简单小事，却在林夕的笔下转变成了一曲俏皮轻快又略带紧张的小调。跳跃的音符不仅勾勒出了事件发生的全过程，而且也延展至想象部分，一句"迟了恐怕来不及冲最好的奶粉给婴孩充饥"，挖掘出一位平凡中透出感动的母爱形象。

　　林夕在书中提及他当时的文笔风格"有点临摹李碧华加亦舒"，有舆论因此而评论，就整本书而言，林夕此言不实。亦舒的文字明快干脆，观点独到犀利，李碧华的文字凄艳华美，深浅处皆蕴涵哲理。比起写词的林夕，他的散文文句过分琐碎散乱，隐晦难懂，感性的成分常常细微至末，宣泄而出，和李碧华、亦舒对比起来，总感觉有不少距离。然而，正如林夕在书中自序而言："（这本书）充满了私人日记的贩卖，主要是对这个世界杂架摊的眉批，你可能不同意，但希望你会因更加了解我而了解我见的世界；也有些在大学宿舍生活的感受，你可能没有，但我希望看过后你会感同身受。"

　　是的，我们不应该去苛责当时那个初出社会做事，并刚刚开始在娱乐圈为写歌词忙得千帆并举的青涩作者。我们应该庆幸，在今天，可以通过阅读这些一字不易的文字，看到一个乐于观察体味，会为了身边琐事而触发敏锐情感的真实作者，这才是本书最弥足珍贵的地方。

　　因为从今时今日往回看去，那些过往和记录，都只是曾经。

中通外植詹德隆

　　詹德隆的《中通外直》系列，自 2002 年出版首册《文化篇》以来，一路以"文"字打头，先后通过文化、文明、文礼、文仪、文思五个主题系统地反思中西文化差异。这本《文想篇》（牛津大学出版社，2006 年 7 月）的推出，是整个系列的完结。

　　相由心生，心相是为"想"，读文学出身的詹德隆自始至终都和文字与思想有着解不开的渊源，是以为书名"文想"。而丛书名《中通外直》，典出自周敦颐的《爱莲说》："莲之出淤泥而不染，濯清涟而不妖。中通外直，不蔓不枝，香远益清，亭亭静植，可远观而不可亵玩焉。"实际上，全书的英文名却是"From Culture to Civilization"，原来作者的"中通外直"，是"中通外植"之意，也就是用批判的眼光审视中西文化，能够把两者的长处共融，互为补短，达到"中学为体，西学为用"的目的。用作者自己的话说："因为本人是先有中国文化为基础，然后再受外国文化熏陶，有中通外植之意。我们中国人做事，重暗中打通人脉关系，和外国人直言直语明刀明枪也是文化上的主要分别，既然一语可带双关，自然也无不可。"

　　詹德隆的名字一直与西方文化挂钩，1968 年香港大学英国文学系毕业后，旋即负笈英伦，入读曼彻斯特大学研究院修读政治，

1972 年加入英国广播电台，1976 年回港，先后主持过多个中英文
电台及电视节目。在香港，老一辈香港人迄今对詹德隆这位"白
头佬"和萧芳芳一起主持的"听歌学英文"节目记忆犹新，因为
这档节目曾在七八十年代的香港普通市民阶层中开创了一股学英
文的风潮。

　　由以前教人听歌学英文，直至现今在报章上写文章，詹德隆
不仅自己浸染中西文化，身兼中西文化并融的色彩，并且推己及
人，将自己这些年来于文化上的思索与见地一一写下，结集成书，
希冀年青一代的香港人依然可以秉承香港独有的中西交汇之文化
气质，在变迁的社会大环境中维系香港的核心价值，保续香港的
国际竞争力。他在这本书的序言里就清晰地指出："我们有责任把
我们的心思写出来，留传给下一代，好让他们不用走那么多冤枉
路，不需要凡事 reinvent the wheel（从头来过）。"

　　从詹德隆进入大学算起，至今年已整整 40 年。在这 40 年里，
香港及中国内地都发生了巨大的变化。从进步的方面来看，内地
实现四个现代化、经济改革和门户开放这些惊天动地的发展，给
内地带来人均 GDP 1 200 美元，为开放前 6 倍的骄人成绩；再看香
港，政治上平稳度过政权交接，经济上也从当初一个完全依靠转
口贸易和制造业的城市转型至国际金融中心，这一两年来更是步
入金融危机后最旺盛的世道，香港的黄金时代似乎已经宣告到来。
然而作者在书中一再提醒，甚至毫不留情的批评，点出许多繁荣
背后的不足和缺憾，将会阻碍中国内地和香港的长远发展，从而

劝诫读者要时刻居安思危。

比如在《十年后的香港》、《从自负到沦落》和《文化交流》等文章中，作者指出，香港的国际金融中心地位，并不会被崛起的上海所替代，因为上海缺乏做国际金融中心的软件。当下应该密切注意的焦点，反而是香港本身能不能保住自己辛辛苦苦建立起的地位。作者认为，全球化的力量势头惊人，所有国家和地区都可能无一幸免。"在这样的大气候之下，一个生活费像香港这么高的现代城市若然要生存，就一定要搞好全民的英语能力和对新科技的掌握……假如香港的英语水平，连今天的水准也不能保持的话，香港将来沦为世界二流城市，似可断言。"诚如作者所言，中文与英文在香港虽然同为官方语言，香港人的英语水平逐年退步，已经是一个不争的事实，连西方人都多批评香港人"半瓶子醋"的英语能力。在一个英文占据绝对主导地位的商业社会中，新一代香港人如果连基本的沟通和写作能力都有问题，又如何保证整个城市的国际化水平呢？

坦白地说，以中文而言，詹德隆并非那种文采斐然的主流大牌作家，但他视野广阔、见解精辟，文笔也不失清通细腻，读其文章，就有如与一位学贯中西的老者喝下午茶般轻松自在。最难能可贵的是，詹德隆提倡的"中通外直"理念，通过他经年来的身体力行，已经"植"入香港年轻一辈的骨髓里，其长远的影响，才是整套书的闪光和价值所在。

一代香港人的成功和迷惘

所谓一代，需要有什么样的时代精神和人文特征固化在这一群人身上，才可以称为一代呢？

他们必然有普世的价值观和人生目标，并且泾渭分明、卷标浓重；他们必然有相似的历史观和身份认同，并且铿锵有力、掷地有声。比如20世纪60年代的"文革"创伤、70年代的道路探索、80年代的个性张扬，往往都是处在大变迁核心中的体现，亦是推动一整代人生活背后的动力。

放眼至今天的香港，走过在回归初期挣扎和苦痛的香港人，开始找寻城市的文化身份和精神，于是便顺理成章地回到被认为是盘古初开的五六十年代，追本溯源地认真思索，香港的富贵与浮华、香港的遗憾和失落，到底从何而来？

这份自省的杰出代表，出自于香港文化界旗手陈冠中的最新著作《我这一代香港人》（牛津大学出版社，2005年6月）。身兼作家、评论家、媒体人的陈冠中，1952年在上海出生，4岁即来港定居，其身影活跃于20世纪70年代至90年代，影响力至今未衰。在书中，陈冠中把像自己这样顺应战后婴儿潮，1949年后出生的一代人，称为"名副其实的香港人"。他们这代人在香港成长，人生经验在香港形成，都按照自己的模样，共同走过香港后期的殖民岁月，也在不经意间共同塑造了香港城市的特征。

《我这一代香港人》初版于2005年，发行一个月后随即再版，一年后又推出增订版，更被台湾著名文化评论家龙应台推荐为"香港人了解自己必读、外地人了解香港人必读"的香港论述经典。全书共分三辑，收录了作者在不同时期不同场合发表的杂文随感，其中第一辑集中论述香港，是最为精彩和著名。陈冠中从与他同时代人的机缘、背景、成就与失算出发，清晰而又尖锐地审视香港及他那一代人的侥幸与不足，进而反思香港的经济神话是如何制造出来，以及为什么战后黄金一代的成功正是香港未来困难的源头。

书中如此剖白：

> 我把香港粤语当作母语，因为最流利，而且自信地认为发音是百分百准的，如果不准是别人不准，不是我不准。就这样，身份认同的问题也解决了。

> 1964年，我这代进入青春期，那年，披头士乐队访问香港。我们跟父母搞了些代沟，稍留长了头发，穿牛仔裤，弹吉他……1973年，香港股市在狂升后出现"股灾"。我这代的青春期，就由英美时髦文化开始，到全民上了投资一课后毕业。

> 20世纪70年代中，主流精英除了各种专业如律师、建筑师、工程师、会计师、教师外，还多了一种选择：进入商界，特别是外企。……我们这一代也陆续进入人力市场。我们不愁

找不到工作，我们晋升特别快，从小知道用最小的投资得最优
化的回报。……在出道的 70 年代和 80 年代，我们在经济上尝
到甜头，这成了路径依赖，成为整个社会的一种思想心态：我
们自以为擅随机应变，什么都能学能做，用最有效的方法，在
最短时间内过关交货，以求哪怕不是最大也是最快的回报。

　　在这样的心态指导之下，以陈冠中为代表的这一代香港人，
平稳见证了香港经济起飞的黄金白银时期，很多人一夜之间就发
了财，在无意中就晋升成了社会成功人士，顺便造就了"香港几
十年的富贵与浮华、一代人的灿烂与飞扬，简直是一个近乎完美
的天仙局"。他们的故事集合在一起，构建出的，就是香港标志性
的即食文化：什么都讲究过程上的快捷、结果上的务实。社会奉
行经济挂帅，"博股通金"被尊为成功指标。在一味追求经济效益
最大化的同时，也拼命强调中西交汇的国际化地位，凡事必追求
国际第一、世界最强。其结果，却是在 90 年代末期的金融风暴面
前，香港人的黄金梦纷纷灰飞烟灭。地产虚火、失业激增，甚至
政制也困局重重。过去理所当然的一切都渐行渐远，曾经风光的
香港人也因此深深地陷入焦虑与迷惘之中。

　　昨日的因，今日的果。作者一针见血地指出，"香港的成功所
在，也是我们现在的问题所在"，"今天香港的问题，都和 1997 年
前我们自己设的套有关"。自以为自己见多识广的这一代香港人实
际上只是夜郎自大、过度陶醉，却不知道发财与腾飞只是因为有

一个历史的大环境在后面成就，丢失了"制造业空洞化、资源投在非生产性的建设、竞争力消失、房价比新加坡高三倍、大陆在改变、地缘优势在磨灭、热钱靠不住"的理性思考和前瞻。在这里，陈冠中站在一个崭新角度，同时审视一代香港人的成功和迷惘。什么拼搏精神、高尚理想都是假话，香港所需要的，仅仅是真实地认识自己，弄清楚自己的各种能力。

书中第二、三辑所收录的，多为作者近年来在内地港台的社会透视与杂碎，包括文章赏析、电影评论，甚至为新浪网撰写的新春感言也占据了整整三页纸，颇有些文不对题、货不对板的嫌疑。其实这也脱不开香港所独有的城市特色。在这里出书，跟的是作者而不是主题，读者通过阅读文章来认识作者，而作者在报纸、杂志发表的文章多了，自然就可以集合成书，吸引跟随的众读者购买。

"动人的故事已说完，新故事尚编不成章。"现今内地的这一代正如香港的那一代，经济腾飞，世道畅旺，年轻人有许多机会，也正在成长为社会的中流砥柱。因此，从这层意义解读，《我这一代香港人》不但适合作者那一代香港人，也值得现今一代的内地读者细细体味。

香港故事的跨世代光谱

　　回归十年大幕下的香港，跨世代光谱的书写正当其时。

　　在不同阶段的成长经历中，我们最常听见的一句口号就是"一代不如一代"。老一代总是在质疑新一代人的生活方式，新一代又总是在反讽老一代的成长经历。这样的争论，周而复始，颇有被提拔到"世代对立"的意味。香港文化界旗手陈冠中在经典论述《我这一代香港人》中，描画了战后婴儿潮香港精英一代的成长经历。战后婴儿潮的这一代人，普遍生于20世纪50年代，六七十年代大学毕业，80年代见证香港经济起飞。作为香港土生土长的第一代香港人，他们的人生经验在香港形塑，代表着"九七"回归前的"香港成功范式"，是香港繁华时代的受益者。

　　虽然陈冠中一针见血地指出，"婴儿潮一代"的成功所在，也是香港今日的问题所在：自以为自己见多识广的这一代香港人实际上只是夜郎自大、过度陶醉，却不知道发财与腾飞只是因为有一个历史的大环境在后面成就，但陈冠中在代际的纷争中，却并没有说得很清楚，为什么到了今天，那些感人肺腑、震撼人心的所谓"香港故事"，依然是由战后婴儿潮这一代人牢牢掌握和支配？

　　一本由三位三十多岁的香港新生代作家写就的《香港的郁闷》（牛津大学出版社，2006年8月），通过刻画"下一代香港人"的郁结，表达了对这个问题的跨世代看法。

婴儿潮的下一代，普遍出生于 20 世纪六七十年代，90 年代大学毕业，经历"九七"之后经济泡沫爆破带来的失业创伤，现届三十岁上下，也被习惯的称之为三十世代。

这些香港三十世代，相信会是最有香港文化的一群。他们懂事时已陪父母听许冠杰，看郑少秋，孩童时代收看本地制作的儿童节目，成长期遇着香港文化的黄金岁月，港产电影、电视及流行歌曲常伴左右。最重要的是殖民地色彩转淡，与中国内地的交流融合还未完全建立，通信科技也尚未发达，对香港本土的记忆也因此更加深刻和地道。

但和一跃跻身成为社会中上层的"婴儿潮一代"比起来，香港的三十世代却又是困惑的一代。他们并没有经历过所谓的"麦理浩时代"之前的英国殖民时代，青年时期便要面对实实在在的香港前途中英谈判，读大学或踏足社会前后又碰上了一系列的民主运动，大学毕业刚刚进入职场，已经开始讨论"谁偷了你的工作？"特别是到了"九七"之后，金融风暴一夜间吹走了所有的经济奇迹和神话，香港社会处在一个动荡不安、变幻莫测，民众难以理解、难以适应的大背景之中。下一代的香港人不得不开始整天检讨香港的出路，要和上海作比较，要和新加坡争高下，日日在边缘化的危机意识下，担忧自己会不会成为又一个被"边缘"的对象。职场生涯和世界观的转变令香港三十世代不得不重新反省工作价值，一切战后"婴儿潮一代"觉得是理所当然的事情，迅速地在三十世代眼前消失，在对比之下的郁闷中被迫抛弃理想主义，返璞归真。

对此，隶属"婴儿潮一代"的香港社会学家吕大乐在其《四代香港人》（进一步多媒体，2007 年 7 月）中，全面审视了香港社会中这种跨代的矛盾，并将"香港人"的讨论范围，往回扩展到战后来港打拼的一代，亦即 20 世纪 20 年代及 30 年代出生的一代。

在书中，吕大乐把香港人分成四代：第一代是经历二次大战和国共内战之后，才辗转来到香港的内地移民一代；第二代就是陈冠中笔下的战后"婴儿潮一代"；第三代则是以《香港的郁闷》为代表的香港三十世代；至于第四代，则是那些出生于 20 世纪 80 年代的一批香港青年人。

在吕大乐看来，香港跨代的矛盾，实质上是现今香港四代人精神结构上的如实映照：生于战前"第一代"，虽然因着难民心态而大多无法视香港为家，但他们比起往后任何一代都更加坚忍、刻苦和勤俭；婴儿潮的"第二代"虽然撰写了近二三十年的"香港故事"，但却忘记了为他们的下一代创造接班空间，甚至更要以百业翘楚的姿态对下一辈指指点点；成长于七八十年代的"第三代"，正直人生壮年，意气风发、踌躇满志，却受制于奇特的跨代结构，始终无法在香港历史中顺利登场；至于出生于 80 年代的"第四代"，更是因为缺乏选择的机会，而被质疑为是否有能力担当起香港的未来。

如此，香港今日社会的世代困境已被勾勒出一幅较为清晰的图景,但另一方面,我们也须注意到,陈冠中、吕大乐他们的世代观,依然是以自己乃至父辈的经验为叙述主体,因此在对第四代香港人精神状态的摹写上,难免缺乏感同身受般的体悟。

80 年代出生的香港第四代,他们都是殖民地香港的最后一代。那 1989 年 12 月 31 日出生的"八字头",就是最后一批能记得殖民时代生活的香港人,只是这样的记忆,已经模糊和遥远,绝大多数的"八字头",他们还没懂事,《中英联合声明》就已经签订,不用在追昔往日光辉岁月中担忧未来;"九七回归"也不再是"大限",而成为他们众多节假日中的又一个,维港两岸璀璨的庆贺回归烟火成为他们的欢乐回忆。

"八字头"也是最后一批接受殖民地教育,被教化为认同香港多于认同中国的香港人。在各种"香港梦"故事的耳濡目染下,好些"八字头"便眷恋殖民地时代,而在此以后更年青一代的香港"九字头",则在"心系家国,爱我中华"的公民教育下成长,对中国的认同更加浓厚和强烈。但矛盾的是,现实的"八字头"也时刻被教育着要进军内地,经济机会就在神州大地。他们不得不思考内地、认识内地,他们抓住一切机会努力学习普通话,努力参加各种内地学习团,"中国概念"成为他们最实际、最经济的长远发展考虑。

尽管在吕大乐的笔下,香港的第四代"从一开始就已经是输家",但他们并没有完全失去自我反思、拥抱理想的能力。例如在这两年香港建构集体记忆的大潮前,"八字头"所拥有的香港情怀虽然只是知识，而非回忆，但是保卫天星码头、保卫香港风格的运动中，却屡次出现他们抗争的身影。本土文化固然不是香港的唯一特色，但"八字头"的香港人都相信自由民主、人权法治、多元包容的香港核心价值，他们中一些冲在最前面的年轻人，更是热烈而自觉地去主动认识、整理、保育旧时代的香港文化，想要将香港特质，在自己身上传承。当然，香港的跨世代论述并没有就此终结。再过十年，现时的二十世代、三十世代，会渐次演变成为带领香港前进的主导力量，他们的勇气和承担，他们的责任和使命，都将决定香港的未来，到底是更加美好，还是忽而沉沦。

本雅明曾经在他著名的巴黎拱廊研究计划中，引用过法国历史学家米希列（Jules Michelet）那句著名的格言"每一个时代都梦想着下一个时代"作为背景音。所以，不妨也让我们拭目以待，给未来的"香港故事"投去更多支持和鼓舞的目光。

我们一定是做对了什么

　　香港有没有文化，一直以来都是个辩论不休的待证命题。龙应台曾将文化以广义和狭义两分，认为香港丰富而活跃的，是它广义上的通俗文化、商业文化、管理文化、法治文化，乃至传统的庶民文化，只有谈及一切跟人文思想有关的深层活动时，"文化沙漠"的匮乏才显著起来。

　　不过在"我这一代香港人"的符号代表陈冠中看来，这样的结论是值得商榷的。作为香港本土文化发展的见证者和塑造者之一，他早在 20 世纪 70 年代就开风气之先创办了香港新思潮文化月刊《号外》杂志，以雅皮的姿态探讨西方电影、前卫剧场、后现代主义、绿色生活，随后改编张爱玲的小说《倾城之恋》为舞台剧，由香港话剧团连演 20 年而不衰。到了商业元素泛滥、低俗潮流充斥的今天，他又开始自觉反省，以个人的经验视角回溯香港文化脱胎换骨的黄金时期，告诉关注香港的人和被关注的香港人，香港的本土文化志，应该是幅怎样的景象。

　　在《事后：本土文化志》（牛津大学出版社，2007 年 7 月）一书中，陈冠中开篇就指出，文化这个概念，依据它所叙述的语境来定夺，至少可以划分为四个方向："一是文化作为生活方式，每个地方每一个人都是有文化的、需要文化的、活在文化中的；二是文化作为意义、道德和价值观；三是文化作为教养、品位、礼仪与知识；四是文化作为特殊的行为活动，这些细艺现在一般被方便的归纳为文化创意产业。"

陈冠中说，1971 年到 1981 年是他的文化开蒙时期。在那个时候，他没有文化偏食症，只会贪吃滥食，结果没有吃出人间真味道，也没有学好书本真功夫，却似乎是下意识地将文化作为了自己的生活方式、道德方向，"批判的、鉴赏的、精英的、流行的都来"。与此同时，他的几位好友在湾仔某破楼的阁楼里开办文艺书店，盗印共产主义义集；又搞独立放映室，推介欧美精英们所谓的"坎普品位"影像；甚或积极投身各种反建制的运动中，争取中文成为法定语文。文化的四个方向，在他们身上或多或少均有体现。

但为何偏偏是 20 世纪的七八十年代，最最值得陈冠中回味和追忆，并将自己的启蒙经验引以为香港本土文化的启蒙，甚至将其视为形塑出今日香港价值观、自我认知和社会形态的黄金年代呢？

由陈冠中的记述可以知道，香港本土文化的产生，有其时代背景的特殊性。20 世纪五六十年代的香港社会，大部分是由内地移居至此的难民和侨居者所组成，强烈的过客心态让他们普遍对这个"借来的时间，借来的地方"欠缺任何亲切的归属感，在身份的认同上亦是模糊、零碎和不稳定的。然而伴随着香港社会与经济的逐步发展，特别是"六七"香港暴动之后，港英政府开始改变管治策略，通过注重地方小区建设、鼓励艺文活动积极弥补与香港民众的距离，着力培养港人安居乐业的本位意识。社会开放的气氛渐次孕育出有利条件，新一代土生土长的年轻人脱颖而出，他们摆脱了上一代的流亡放逐意识，自觉出自己香港人的身份，并主动去追求自我定位和都市发展，而抗拒教条和老套。这种带有个人性质的追求努力，在海外留学生回港引进文化思潮的牵领下，在媒体传播如报纸、杂志、电台、电影与民间组织的推动下，慢慢汇聚成大众的文化追求和品位，继而又演变成一代香港人的文化根基。

所以自然而然的，我们可以在这本书中多次看到那个火红年代的香港年轻人，或者在政治领域张扬地结社办课程阐发左翼风气，或者在文学领域办杂志开书店推广英美乃至台湾的文学思想，或者在艺术领域引介伦敦纽约的流行风格并开拓本港的时装纪元，或者干脆自己扛起摄影机尝试欧洲小众艺术片港化的探索。至于以粤语为代表的歌曲、电影、电视剧的流行，更是由于这些年轻人层出不穷的创意而步入黄金年代。可以这么说，虽然是一个大时代成就了香港本土文化志的发酵和演进，但如果不是这一批香港人对文化理念及操作的集体实践，也难以构成我们"事后"还可以谈论的"香港价值"、"本土文化"。

1976 年，《号外》创刊没多久，有媒体在报上评论说，这是一群由天外怪客办出来的外星杂志，陈冠中和另一位创始人邓小宇却一致将这样的揶揄当作是对杂志的绝大恭维："我们一定是做对了什么。"果然，很快的，《号外》就成长为一份前卫的、催生多元讨论的文化刊物。它的抱负和视角，都是那个年代香港本土文化璀璨的见证。不过，如果有可能阅读到今日的《号外》，则可以很鲜明地体察出一层失去时代共鸣的失落。在《号外》乃至其他诸如时装、工艺、流行曲、电影、电视、广告、评论身上，为什么今日的香港文化图景与当时已大异，这个问题，看来还需留待这一代香港人去解答。

香港故事不易说

对香港的解读，内地与本港呈现出明显的差异：内地侧重于选取香港历史发展进程中最具有代表性的大事件，以宏大的视角（确切地说，应该是"中国的香港"视角，即从中国的角度看香港）去记录香港的主流变迁，记录的要点有了，记叙的元素却不足。以外在的姿态看香港，总感觉像隔着一层膜，看不真切。反之，香港本土的论者则侧重于以局内人的身份，把香港人自身前后的种种变化，包括思想的起伏搁至显微镜下放大，然后进行具象剖析。香港中文大学社会学系教授吕大乐的《唔该，埋单：一个社会学家的香港笔记》（牛津大学出版社，2007 年 7 月），即是这种论述手法的代表。

实际上，该书是旧书新果。初版发行于 1997 年 7 月香港回归的节点上，十年之后，吕大乐增订该书，添加了一则后记《有落，后数》，作为对"后九七"的补充及回顾，而十年前的主体内容不作变动，以示对照。

"唔该，埋单"和"有落，后数"都是香港人日常生活中口语化的对白。在港式茶餐厅吃完饭结账时，就会说前者；而后者则用于遍布香港的红绿专线小巴之上，坐车的时候扯着嗓子喊一句，是提示司机自己需要在前方下车，而车资则由后面的同伴代为给付。吕大乐把香港人耳熟能详的生活口语嵌入标题作为关键词，就是告诉读者，这本书是百分百的香港本土论述，对香港人的审视与批判也因此更加入情入理。

按照作者的谦称，这本来是一本 1997 年凑回归时的热闹之作，但在香港评论家梁文道看来，该书在观察香港社会转变的作品里可称得上是最重要的一部。这本书之所以在叙述香港的语境中占有重要地位，是因为吕大乐在书中提出了一个重要命题："九七前，香港故事不易讲。九七之后，千头万绪，又不知从何说起。"

香港故事为什么不易说，在吕大乐看来，有两点原因。

首先，"九七"前的香港，普遍存在着一种欣欣然的盲目乐观。战后婴儿潮及其后成长的一代，在 20 世纪 80 年代的表现都甚为出色。人人都能利用麦理浩时代"殖民政府自我改革"的良治，以及国际周边环境改善、香港经济起飞所提供的良好发展舞台，在竞争中胜出，并成功实现向上层社会流动的目标。其结果，香港的本土意识不断增强，并创造出一段"人人有机会"的黄金岁月。

然而矛盾的是，在心态上乐观的香港人，却在人格上奉犬儒主义为自己的生存哲学。无论身处什么样的环境，只要顺着工具理性、实用主义的大方向走，就可以找到生存的空间，自然也就无须投入时间和成本去做自我改变，而那些经济发展之外、隐含其他社会价值的历史事件都只能靠边站当配角（这里，吕大乐通过自己 20 世纪六七十年代做义工时目睹的贫富悬殊、70 年代涌现的民间运动和具批判性的民间纪录片等历史片段做了例证）。在吕大乐看来,这样的想法,在过度强调经济意识的"九七"之前,是可行的,但却已经很明显地为香港人在回归后"形势大变"下的"无所适从"埋下了隐患。

其次,"九七"之后的香港,在经济环境、政治生态、文化生活等领域内都发生了很大的变化。然而此时大部分香港人,无论是在精神面貌还是心态上,都依旧停留在20世纪80年代"害怕改变、保持现状"的惯性思维中,所以对于"九七"后出现的种种负面转变,例如经济不景气、工作稳定性消失、阶层流动性加剧、负资产涌现、管制混乱与失效等,他们千头万绪,毫无心理准备。乃至香港在与内地的关系之上,也由过去的龙头地位,仿佛一夜之间就改头换面,演变成了香港前进的动力得益于内地经济高速发展的惠及,于是边缘化的危机意识惶惶然成为社会的主流旋律。就此,吕大乐指出,"保持现状不变并不足以应付万变",香港人不应抗拒转变,而应抓住新的机遇(如北上内地工作的普及、两地交流与合作的增加等),真正放开怀抱,去全面提升自己的区域空间视野、改变自己的"生活圈"定义。根本说来,香港人所要担心的,并不是本土身份的消失、边缘化危机的冲击,而是这么多年从未有过什么思想上的突破,"维持现状的想法,应该到此为止了"。

虽然香港故事不易说,但并不意味着香港故事不能说。特别是面对现时香港的困境,更需要把香港故事说透说明白。而展望十年,乃至四十年之后的香港,故事的脉络将会变得更加清晰。

从这个角度看，吕大乐用"有落，后数"这个标题，正是表达出他的一种希冀：香港未来的发展已经搭建好了框架，而后面能否将故事演绎好，还得看我们香港人自己。

"后香港"与"新新中国"

很少可以有香港人像《潮爆中国》（天窗出版社，2008 年 4 月）一书的作者李照兴一样，对中国有如此深刻的认识，何况，这还是一个急速变化着的"新新中国"。

长期以来香港与内地的分离发展，使得两地大到价值取向、意识类型，小到衣食住行、文化习惯等都存在着巨大的差距，也因此构建出香港人相对于内地人的身份界限。我们只要稍微追溯一下历史，就可以很清楚地看出香港人心中对于自我身份那种复杂的情怀。

回归之前的整个 20 世纪 80 年代到 90 年代，香港人都爱用"九七大限"来形容即将到来的回归。当时整个香港经济正处于蓬勃发展的黄金期，再加上港式本土文化在电视、电影的连手推波助澜下冒起，不仅让香港人集体迈向了中产阶级的生活和文化，也让香港人和彼时依旧以农业生活形态为主的内地产生出很大的时间落差。其结果，这一时期的香港人对于回归祖国普遍抱着种悲观的情绪，甚至有部电影，用夸张的手法刻画出一个家庭为了实现"九七"前移民的梦想，家中的每个人都尽其可能揽各种活攒钱，就连正在读小学的妹妹都主动帮同学写功课赚取零用钱，为家庭的梦想出一份力。这种不可思议的疯狂之举，却是当时整个香港人心态的典型反映。

"九七"回归之后，虽然在政治上香港已经成为中国的一部分，但在社会体制、经济逻辑和价值观念上，香港依然保持着它殖民地原有的面貌。所以这个时期香港人在界定自己是中国人或是香港人时的身份挣扎，所代表的就不仅仅是他们对回归后祖国历史与文化的认同与情感，还掺杂着对政治权利的渴望、经济发展的追求和生活方式的选择等内涵。例如香港人一贯引以为自豪的诸如民主、法治、廉洁等香港的核心价值，就被很多香港人看作两地一个重要区分标准。

这种身份认同下的必然结果，产生出一种香港人骨子里的安逸情结：潜意识里抗拒与整个中国内地联系在一起的全盘发展，不愿意主动走出罗湖桥的分野，而只是贪图香港是例外之城，享受着进可攻退可守的安全感。

但李照兴却不同，甚至可以说是香港人中的异数。他1986年就主动进入内地做长时间的跨省份长途旅行，对内地进行近距离的观察，5元钱的宾馆、30多小时的硬座火车、地下形态的黑布派对，他都有过体会。随后的1987年、1988年，他又两次去北京采访，操着并不娴熟的普通话与当时的音乐先锋崔健、刘元进行交流。回归前的1996年，李照兴选择了与不少香港人移民国外相反的发展方向，他再次回到北京，并开始了其在北京长达4年之久的定居生活。2000年后，李照兴南漂到上海，随后往返于北京、上海、广州等多座内地城市。有了这样的背景对比，我们才可以理解李照兴在书中所提出的两个非常重要的概念:"后香港"与"新新中国"。

首先,在作者看来,现时的中国已经不是过往那个破落与被孤立的中国。"新新"两字所界定的,是一个崭新的快速崛起中的巨大经济体,时间跨度乃是从 2003 年中国加入世贸组织以后一段发力增长期。在"中国速度"的高速推进下,这个国家变得比以往更加具有活力和令人期待,它野心勃勃的城市发展计划,崭新的城市消费与艺术形态,多元而开放的媒体与文化产品,对于文明与高素质的生活追求,以及身处其间迸发出创造力和全球视野的年青一代中国人,都让作者时时感慨,自己作为一名既是旁观者,又是参与者的香港人,对内地的变化认识太少。而现在所认识的一切,又很有可能在极短的时间内发生天翻地覆的改变。

当"新新中国"好比一个最有前途的新明星,时时刻刻在进步时,"后香港"的"后"的新意,就在于要把香港与内地的新关系拼合在一起考虑,即把香港当作一个中国城市去思量它的新身份。就好比一粒方糖,需要放进更大的中国茶中去溶化,虽然在融合的过程中会丢失它本身方正立体的原貌,但唯有如此,才能"重新磨合出一种独特性,发挥出一种新味道,成就新香港"。

在这两个重要概念的框架下,作者进一步指出,香港人的困惑在于一直把"我城当我国",香港就是香港人的全部,关于香港的论述也是过分排除内地的元素。正是在这种困惑之下,香港才会出现"你认同香港人身份还是中国人身份"这种伪命题。

　　此外，香港与中国内地的隔阂，不仅体现在地理上和时间上，更是体现在心理上。过去香港人心理上因着一道罗湖边界的"关闸"而惯养出的矜贵心态，也必然会在未来伴随着深港 24 小时通关以及一体化的发展趋势而被打破。由是，作者提出了"更大的香港"（A Greater Hong Kong）的概念，希望香港在地理与文化上，同时与中国内地协调融合，交叉互补。为此，香港人应该更加主动地去对中国进行更多的观测与解读，这也正是作者在此书中一次次对"新新中国"身体力行地聚焦与描摹的意义所在。

从整形日本看整形香港

要更清楚地认识一个地区的文化，比较就不可避免，尤其是当文化交融并行的时候。

这种交融，又可以有两种不同的取向，一种是相互影响，你方唱罢我登场，另一种就是强势文化辐射弱势文化，在弱势文化所在地区构建出一个主流文化体系的同时，又扶持弱势文化的发展，让其不失本身应有的光芒。相比较而言，香港，这一块长久以来都被视为文化缺位的地区，应该更适合介乎于两种情况之间：在强势文化向心力的吸引下，年青一代香港人的潮流风向标相应得到改变；与此同时，本地文化人则在努力向内延伸挖掘出新的含义，借以满足本土文化的需要。

香港的日本矛盾

按照道理来说，在经历了 164 年的殖民淬炼之后，香港人应该受英国文化影响至深，特别是那些接受港英政府精英教育成长起来的一代。然而近年来，随着日本文化的强势崛起，并伴随着日剧、电影、卡通、饮食、服装等多领域潮流的涌入，香港的中西交汇改了方向，逐渐向日本靠拢。

　　翻开香港的报纸，几乎每家主流媒体的娱乐版，天天都会有日本明星的大幅照片和海报，每家主流媒体的广告版，也天天会有日本旅行团的宣传和推介。铜锣湾世界贸易中心前的一家寿司店，每天无论任何时候，永远站立着众多等候进场的食客；专门售卖日本食品的 Citysuper 超级市场里永远人山人海，尤其是那些高学历、高收入的城市中产阶级，更是把逛 Citysuper 视为每日必修的功课。至于今天的香港年轻人，一提起日本，更是有说不完的话题，Kawaii 时刻挂在嘴边，Cosplay 成为服饰代名词，电车男、御宅族（Otaku）、单身寄生族（Parasite Single）纷纷现身，壮大为当下至潮的新生代族群，经过漫画改编的电影《娜娜》、《死亡笔记》等更是高票房的保证。这一切，都在潜移默化间放大了香港年轻人对日本文化的疯狂，并逐步成为影响他们价值取向的主流力量。

　　可是另一方面，香港民间的反日运动，又往往冲锋在前，让台湾和内地都自叹不如。比如 2005 年日本美化侵华历史教科书事件发生后，香港 600 多个团体联合发起"一人一信"运动，号召每一位香港民众写信给日本首相小泉纯一郎，以抗议日本当局修改历史。10 年前因"保钓"而牺牲的"保钓"运动领袖陈毓祥，更是香港人的骄傲。如果说陈毓祥只是一个激昂的"左仔"，他去世后的棺材，覆盖着当时还未收回香港的内地赠送的一面鲜艳五星红旗，并借新华社之口给予他高度评价："他是高举五星红旗而去的，他是爱国烈士"，那今天的"保钓"起航以及反日运动，更多的影像焦点似乎都投给了民主党,体现出香港不分左右政党、亲疏派别的稀有团结一面。日本右翼报纸《产经新闻》2006年8月8日就曾撰文,指出目前香港已经成为世界屈指可数的反日据点,并担心三地会以香港为中心形成新的反日同盟。这种担心,应该和香港反日运动有组织、有秩序、有支持、有关系的政治背景和地缘优势有着密切关系。

香港似乎天生就是一个矛盾的集合地,它融会中西又不中不西的特质,它看待日本一只眼怒火一只眼柔情的纠缠。香港人可以违反法律,给时任日本内阁官房长安倍晋三邮寄剃须刀片进行恐吓,但是又绝对不会抵制日货;他们可以义愤填膺、慷慨激昂地走上街头高举标语示威游行,但是又会在假期将日本作为主要旅游目的地进行考虑。事实上,自从日本外务省于2004年4月1日开始让香港人享有90日内免签证短期逗留日本的待遇后,香港人旅日的风潮就好像内地开放自由行一样,猛烈而疯狂。根据万事达卡于2006年5月中至6月初做的一项"Master Index 旅游指数"调查显示,日本已经成为最受香港人欢迎的旅游地点,看一看充斥市面、屡登图书销售排行榜的日本旅游攻略、指南类图书,就可管中窥豹、略见一斑了。

整形香港

香港对日本文化的这种移植,以及香港看待日本的矛盾心态,引起了本地文化工作者汤祯兆的关注。这位在香港研究日本文化的代表人物，主要写作领域集中在日本社会文化观察、日本电影解读、文学创作及评论等。其最擅长把电视剧、电影、畅销书等日常公共事件作为文化议题的切入点，并辅之专家学者的意见为例证，来阐述纷乱文化表象背后的深邃含义。

这本《整形日本》（天窗出版社，2006年10月），就是汤祯兆在长期体验日本社会，观察其与香港文化互动基础上的思考和探索。全书不仅分析日本流行文化，亦独具匠心地巧妙穿插进中国香港与日本对照作为延伸脉络，帮助香港认识当代日本年轻人文化及社会问题的同时，又能清楚地审视其交融的源头、发展和未来影响。

全书由四大部分组成，其中"日本人办"、"问题世代"以年轻人文化为主，重点探讨 Kawaii、Cosplay、kindult、Otaku 这些新名词所代表的日本新文化元素及其对香港的冲击；"述异城市"、"文化惊奇"则多剖析社会问题，从日本城市中的移民特质到超高龄社会的提前来临，重点检视日本的政策应对及对香港趋同问题的反思。

通过剖析强势文化来反省自己，原本就是跨文化书写中的惯性潜台词，差别只在于程度、隐显，以及书写者的自觉性。汤祯兆作为一名香港人，以"社会一分子"的方式主动进入他人的世界，目的就在于可以感同身受地理解日本文化所产生的社会、人文、心理等多重因素，从而产生一种"共在"的状态，而这才是真正的以批判眼光比较文化互动的基点。

举例来说，汤祯兆认为，内地文化事业的发展这几年来进步神速，在对日本文化的接纳与吸收上较之以往任何一个时期都显得多元和开放。特别是在文学领域之内，村上春树已经成为日本文化的一种象征，对于村上春树的作品，内地比香港、台湾所推出的翻译版在产量和速度上都来得快。然而，由于内地作家之生活标准、形态均与日本社会的状况大相径庭，他们不曾经历因极度繁荣富庶而产生空虚感的心理状态，因而在翻译村上春树的作品之时，只会流于表面，无法深刻传递出文字背后的文化韵味。

再看香港，在以往，人们对日本文化多给予较大程度的尊重，若在日本社会里涌现出一个新的名词，有心作日本文化研究的人士就会热切地追求该方面的知识、寻求更深入的了解。可是现如今，人们在意的往往是如何吸纳该名词、术语，对之进行再利用，而非结合本土特色再创造。

对此，汤祯兆在书中列举了一个蛰居族（Hikikomori）的例子来加以分析。在日本，所谓蛰居族，是指在加速运转的社会压力面前，因感到不能满足社会角色的要求，而选择以逃避来断绝与社会联系的年轻人。这类人群的出现，离不开日本家庭中存在的"恋母情意结"的文化根源和民粹倾向。而当这个词汇传播到了香港，在香港的社工眼里，他们所关注的并非日本那些蛰居族、隐蔽青年的真实情况，而只是纯粹片面地借用这一名词，套于香港的状况之上，继而用作向政府争取资源的根据。作者由此认为，若凡事从自己的本位出发，而非吸纳外地之文化，那只是于既有的基础系统里，找一些东西借以强化自己既定的看法；若想真正意义上认识外来文化，就必须以外国的情况、背景为基础，再与本土的境况作对照。

由此可见，由于"不共在"的缺陷，使得内地和香港在吸纳整合本土文化与外来文化的过程中，各潜藏着不同的毛病。从这层意义出发，汤祯兆的这本《整形日本》，又何尝不是在引导港人整形香港呢？

路漫漫，所以要慢慢品

香港是本土漫画的先锋，也是原创作品的重要产地。当大众耳熟能详的《中华英雄》、《风云》和《龙虎门》纷纷被拍成电影上映，这类可在报摊买到的期刊式漫画，俨然已经成为香港漫画的唯一指标。但事实上，虽然流行漫画是香港市场的主流，我们仍可见到很多本地独立的漫画制作，这本《路漫漫：香港独立漫画25年》（香港三联书店，2006年7月），就给我们提供了一个切入的视角。

在这本书中，编者以时间为线索，走访了香港从20世纪80年代至今老、中、青三代共27位独立漫画人——这其中包括了老牌一点的，70年代至80年代初香港最著名的漫画家荣念曾、马龙、一木，80年代中期至90年代初开始创作的中生代如利志达、欧阳应霁、麦家碧、刘莉莉、林祥焜，以及自90年代中期以来涌现的如黎达达荣、智海、杨学德等新生代创作者。这27位风格迥异的香港本土漫画家，在书中各自讲述了自己的创作历程和发表经验，以及在市场元素和独立精神的冲突下，所秉持的对漫画理想之追求。可以说，每一个人，都是香港独立漫画25年历程的重要脚印。

纵观全书，将独立漫画放置于过去四分之一世纪香港漫画发展史的大背景之中，我们首先想要寻求答案的就是如何区别主流与独立之分。从受欢迎的角度出发,《风云》、《龙虎门》以及《麦兜故事》均被拍成电影,为何只有麦家碧被界定为独立漫画的一分子? 主流与独立之间是否必然对立且矛盾? 两者之间的分野,又如何在香港这个崇尚商业价值的社会中交织体现?

事实上,"独立"这个字眼在香港也是有时序的。20 世纪七八十年代香港漫画界通常称呼一些比较偏锋的东西为"地下",90 年代叫做"另类",直到现在才改为"独立"。"地下"通常包含一些不那么容易被吸收,甚或是一些儿童不适宜的内容,而"另类"则比较讲究花哨噱头,"独立"则是近几年新兴流行起来的称呼,往往和跨媒介的创意工业相互联系,以求开发出更加新颖的多媒体创作空间。

主流与独立的最大区别,则是源于其中的生产模式。主流漫画很大程度上配合文化工业的运作,拥有自己的工业生产模式,有生产线,有发行机制和管道,定期出版,即使作者去世了仍然会继续出版。而独立漫画家却乐于游离在文化工业的边缘上,他们的作品不仅不受大公司大财团影响,偏离商业化色彩,也不属于主流的风格类型,形式与题材上都比较奇怪一点,善于运用新方法去表达,富有实验性。因此,独立漫画更讲求创作者个人关注的题材,以及个人化的美学实践与价值判断,体现出漫画家强烈而独特的个人色彩。

在香港,独立漫画人一直遇到的问题,一是能否得到别人的认同,二是有没有出版社愿意出版。不过就此书所访问的漫画人看来,香港独立漫画所面临的真正困难,乃是香港这个资本社会对漫画过分注重商业化的束缚。

由于漫画在香港一直处于娱乐消遣的位置,未被视为正统文化的一部分,漫画的根底虽然久远,经历了从早期讽刺政治及草根社会状况到中期反应现代英雄或小市民风味的题材变化,但漫画界整体的创作氛围却无法摆脱急速浮躁、工具理性主导的社会大环境,所以到了后期都不可避免的被趋同并固化为古装、武打的单一模式。再加之香港人也大多习惯了快餐式的速读习惯和主流漫画风格,地铁、巴士上随处都可见手捧武侠漫画的读者,这就好比香港的建筑美学,多年来只关注浮夸的设计和金碧辉煌的装饰,而缺乏必要的审美能力,从而使得香港独立漫画的力量更加显得小众且势微。

尽管如此,香港一班独立漫画家们依旧在默默耕耘,努力突破技巧和风格的束缚,以拓展独立漫画的空间。麦家碧说:"只有不停重复地画,我才感到幸福。"作为麦兜的"母亲",她要不断保护麦兜免受不良商业元素的侵袭,怀着一颗对小朋友的温柔之心绘画;欧阳应霁认识到"香港的创作环境其实是挺好的,好在够混乱、够多事"。在这个烦躁不适合安身立命的地方,正是因为漫画家有所不满,有所触动,感到不屑和愤怒,才会觉得要争取对现世情感的观察和表达;Stella So"从旧居被拆开始",她笔下的利东街、新光戏院、民园面家,都是在探讨和唤醒一些香港日常生活中快被遗失的碎片;杨学德深知自己"就是画不出英雄和美女",于是将漫画作为自己的精神寄托,挖掘出一点一滴的社群情感关怀;阿高细心观察小市民的生活,梁以平淡化沉重的感觉,既要表达热爱,也享受创作;国志鸣以缓慢来沉淀累积,John Ho以宁静坚持纯粹的创作……

路漫漫,香港独立漫画 25 年的历程是个总结,但却不是个终结。作为香港社会文化的构成产物,它的未来发展方向,则还需如书中所言的那般:"不单只是看一个人的造化,而是要看群众的造化。"

捐款减税的香港启示

地震面前，举国同殇，也激发起香港人强烈的爱国情怀与国家认同。身处香港各个角落的香港人，纷纷向祖国伸出援助之手。震后翌日，香港政府就以官方名义捐出 3.5 亿港币，而在接下来的短短两周之内，香港民间又募得超过 10 亿港币的赈灾捐款，大大超越了 1991 年华东水灾时逾 6 亿港币的赈灾捐款总额。这一数字不仅是历年来香港民间为内地天灾筹款最多的一次，而且也让香港位列于内地以外最多捐款国家和地区的榜首。

港人踊跃出钱赈灾，这其中的原因固然是多方面的，例如香港与内地血浓于水的、根脉相连的纽带情结，但香港在制度上所制定的一套高效完善、操作透明的捐款减税政策，相信应该是最值得内地效仿与深思的所在。

根据香港的税务条例，每一位香港居民只要于该财政年度的慈善捐款总额达至港币 100 元的最低下限标准，便可以凭借捐款收据从应纳税所得中申请扣减税项。该政策自实施以后，可抵扣的捐款金额已经于 2003—2004 年度由过去占应评税收入或利润的 10% 大幅提升至 25%。而为了进一步鼓励香港人更慷慨地向慈善团体捐款，香港政府又再度于 2 月底公布的 2008—2009 年财政预算案中，将慈善捐款扣税上限提升至 35% 之多，港政也因而会少收约 8 000 万港元的财政收入。

此次四川大地震发生之时，正逢全港居民陆续开始申报 2007—2008 年度的个人所得税款。所以既有的捐款减税政策以及新预算案中慈善捐款免税额的提升，相信都从一个侧面推动了普通香港人的捐款热情。另一方面，所有慈善机构、慈善信托、银行和非营利组织在接受捐款时，都会在显要位置以粗体字清楚标注捐款减税措施、流程以及所需要注意的各种事项（例如妥善保存捐款凭证），以提醒捐款人实现自身的权益。

当前内地虽然早已颁布了类似的捐款减税政策——根据《中华人民共和国个人所得税法》第六条第二款，个人将其所得对教育事业和其他公益事业捐赠的部分，按照国务院有关规定从应纳税所得中扣除，可抵扣的捐款金额上限为应纳税所得额的 30%。但现实的操作环节却十分薄弱，操作细则缺乏，结果导致真正成功实行的案例少之又少，以至于连知道有此政策的人事实上都凤毛麟角。

其中一个重要的原因，是内地税收制度的繁复体系很大程度上阻碍了捐款减税的贯彻与施行。根据媒体报道，一次成功的慈善捐款减税需要经过多达 10 道手续。以向中华慈善总会捐款 500 元为例，捐款之后会收到受捐助慈善团体的有效捐赠收据，随后需将收据送至民政部的财务处，由他们计算应予减免的抵扣税额，再由企业修改本月工资扣税额，修改向税务部门提交的"税务明细申报表"，填报"税收缴款书"一式四份并报至银行，等银行回单后重新做账,最后于下月恢复原工资明细。这些手续必须全部执行完毕后,才可以减免相应的税款。只要其中任何一道手续拖延,都会阻碍捐款减税的顺利抵扣。

此外,国家和法律认可的接受社会慈善捐款的机构太少,这也成为阻碍捐款减税政策施行的一大制约因素。目前在内地,只有"向老年活动机构、教育事业的捐赠;向红十字事业的捐赠;向公益性青少年活动场所的捐赠;向中华健康快车基金会、孙冶方经济科学基金会、中华慈善总会、中国法律援助基金会、中华见义勇为基金会、宋庆龄基金会、中国福利会、中国残疾人福利基金会、中国扶贫基金会、中国煤矿尘肺病治疗基金会、中华环境保护基金会用于公益性、救济性的捐赠",才能够获取捐款额的发票,而向上述以外所有非营利机构和单位的捐款均不被认可,无法享受税收减免待遇。

而反观香港,作为香港居民,所要做的仅仅只是在报税表上填妥相应的空格,其余都会由税务局按照每一年财政预算案中所订立出的新的免税额、税阶、税率以及慈善捐款扣除上限标准,"一站式"地负责清算及扣减,无须再由个人费心。换句话说,政府在此所扮演的完全是服务式的职能角色,目的乃是为了给予全港市民最大的便利,而非以一副高高在上的威权管理者姿态面对民众。而对于可获免税认可的慈善团体名单,香港税务局也用一份长达671页的文档一一清楚定明。这里面既包括了在香港成立的慈善团体、海外慈善团体的香港机构,也包括像民政事政局局长法团这样将捐款作慈善用途的政府部门。

此外，香港居民在申报捐款减税的过程中，并不需要及时夹附捐款收据，而是完全凭借自己的自觉如实填写慈善捐助总额。但是所有相关收据都必须保存 7 年，以便税务部门每年的抽检。如若有人在报税中存在蓄意的欺骗，根据香港《税务条例》，可判处罚款 5 万港元并监禁 3 年。

慈善的根本目的不仅只在于帮助一方人，而是应该鼓励更多人加入到慈善助人的行列之中。捐款减税正是这样一个"双赢"的政策，是累积大批捐款的基础。但是一项"善政"能否顺利施行，还需依托于一个完善而又规范的制度。梁小民曾经说过，制度比人性和政府更重要，"如果只有人斗人、人吃人，才能实现利己，人就比野兽还坏；如果只有人为人、人帮人，才能实现利己，人就比天使还要好。"地震的巨大灾情之下，政府更应该于此时大力宣传并强化已出台的捐款减税政策，减免减税所需的各种繁杂行政手续，降低行政费用，同时在政策上给予更多的优惠，让捐款减税政策成为一种积极的手段，从而鼓励更多的人将慈善捐款当作一种习惯，并参与到救助他人的慈善事业之中。

香港的阿莱夫

　　旺角和香港人的日常生活息息相关，对很多香港人来说，那里是他们长大、拍拖和消闲的地方，因此总显得别样的温暖和亲切。香港音乐人恭硕良就曾夸张地说过："在旺角行走，不知什么时候身上就被飞到口水。但我喜欢。"

　　与另一个人气地带铜锣湾相比，旺角的风格是迥然相异的，充满了更多自由和多样的香港本土化气息，可谓是名副其实的香港本色。铜锣湾摩肩接踵的都是操着各式口音的自由行游客，旺角摩肩接踵的则是全香港的时髦青年；铜锣湾满大街都是欧美日的名牌店，而旺角满大街都是不讲究时尚格调的小店铺；铜锣湾霓虹灯闪烁下处处都是统一色调的光鲜，时代广场、世贸中心、SOGO 百货，现代化的大商场一座连着一座，旺角则很难看，车水马龙，各色混杂，充满后现代风味的郎豪坊紧挨着充满市井气息的砵兰街，很容易让人在传统与现代交织中迷失。如果法国诗人波德莱尔（Baudelaire）与德国思想家本雅明的幽灵飘到香港，他们一定会兴致勃勃地继续都市漫游人（flâneur）的旅行，在旺角重新省思城市的空间故事。

　　入夜的旺角是最为真实而迷人的。步入西洋菜街从亚皆老街至登打士街的行人专用区，头上灿烂的霓虹灯光和炫目的立面影像大屏幕,把旺角照成一片不夜天。两旁满是潮水般移动的人群,或者是成双入对的情侣,或者是扶老携幼的全家大小,都各以自己的速度和角度去认识旺角,认识香港。而这些匆匆穿梭于都市空间之中的行人,自身则又奇诡地建构出香港流动的城市风景,是印度出生的社会文化学家阿尔让·阿帕杜莱(Arjun Appadurai)笔下"复杂、重叠、破碎"的后现代主义社会中一幅独特的人流景观(ethnoscape)。这幅场景如若让英国社会学理论家齐格蒙特·鲍曼(Zygmunt Bauman)评说,他一定会惊喜地实践他笔下所描述的"流动的现代性"(liquid modernity)的构想,整个城市就宛如一台呼呼运转的输送带,不断循环,永不停息。

在旺角,文化没有高低。西洋菜街一幢旧楼的二楼夹层和三楼,十几年专卖文学书籍的"二楼书店",爱好"打书钉"的香港读书人,三三两两地或坐或站,沉浸在自己一方阅读的世界中。书店的旁边,则是一家开业不过几年但从来座无虚席的多屏幕电影院。早前上映韩国电影,之后是地道港产片,现在则是一出好莱坞大制作,片目正好反映香港人的多样口味和娱乐精神。电影院的对面,是游人如鲫的影音店和电器店,各式各样的促销摊位拥挤在店铺前,瘦身纤体的、健身的、银行信用卡的、宽屏网络的、流动电话的,将窄小却又繁华的旺角浓缩成香港的一个符号。

香港的"二楼书店"据称起于 20 世纪的五六十年代,是一群读书人感叹香港文化之风不盛而率先创办的,却又苦于寸土寸金的高昂地价,只好将利润薄稀的图书业搬到楼上。连带上楼的,是香港的咖啡店。没有一个国家的咖啡馆能和旺角相比，热烈嘈杂中又透着细小和紧凑。印象中的巴黎咖啡文化，宽阔的林荫道边，三三两两地随意摆放着几张桌子，阳光、闲怡、阅读、书写，一同构成饮咖啡的想象。在旺角，哪里有如此悠闲的事呢。务实的香港人将巴黎的表征意义挪用过来，添加进香港元素，在阁楼里开出"巴黎咖啡店"。坐了电梯上楼，一开门，便有可能同服务员撞个满怀，充满了冒险与不可知。被称为"作家们的作家"的阿根廷诗人博尔赫斯（Jorge Luis Borges）在他的小说《阿莱夫》（*The Aleph*）里，创造出了一个在地下室中极其细小，包罗所有地方、所有场面同时发生的诡谲空间——"阿莱夫"。"它是包含着一切的点的空间的一个点"，是"一个圆周几乎只有一英寸的发光的小圆面"，然而宇宙空间的总和却在其中，从中可以看到宇宙间任何你想看到的东西，它是汇合了世上所有地方的地方。阁楼，阁楼中的书店、咖啡店，就是香港的阿莱夫，是物欲都市中仅存的一点人文精神可以想象和延展的空间。

深夜的旺角依旧喧哗热闹，充满了生活自由畅快的欢乐。凌晨两三点的女人街虽已消散去日间的吆喝叫卖和拥挤，恢复难得的平静，但售卖鱼蛋的街头档口前食肆依然客似云来，影碟铺前也总有凑热闹的小猫三数只。鱼蛋的原料是一种俗称海狼的鱼，体形硕大，样貌不佳，但肉质却精劲鲜美。大概只有灵活的香港人，才会想到把潮州鱼蛋搭配上东南亚的辛辣咖喱，制造出最美味的本土小食。而最地道最入味的咖喱鱼蛋，也只有在这个时间

段的旺角才可以有幸品尝得到。吸满一天浓浓汤汁的鱼蛋香醇诱
人，不知道与香港渊源甚深的诺曼·福斯特（Norman Foster），有
没有过这样一段站立街角，挽起袖口食鱼蛋的香港经历。这位设
计出汇丰银行大厦的英国建筑大师，总热衷于在香港找寻躲藏在
街头巷尾、隐蔽在壮丽高楼阴影下的城市琐碎景观。深夜旺角街
头的一串鱼蛋，一定可以得其所愿。

　　凌晨四五点，夜归的人们回家了，早起的阿公阿婆开始晨运，
报摊售卖新一天的报纸。旺角崭新的一日，即将跳出，城市的生
气，也慢慢在酝酿中蓄势待发。这样的旺角，陪伴了几代香港人
的成长，汇聚成他们集体记忆中珍贵的一部分。要认识香港和香
港人，就一定要来逛逛旺角，在穿梭而过的人群里，在新旧混杂
的街道里，细细体会香港的味道。

书影书话

香港，成为我的香港

人们常常说香港是个移民城市，荟萃中西文化。我们所熟悉的香港故事，一般也是以香港移民社会的特质作为叙述起点，但却以生于斯长于斯的香港人作为单向度的叙述焦点，而把大部分的新移民放置于香港故事的框架之外。即便是仅有的一些关于新移民的论著，也多是很笼统地关注这些新移民给香港所带来的社会问题以及政府的应对之道，而忽略了他们这一路走来的心路历程。似乎但凡谈及新移民，就会想当然的和这样一堆关键词联系起来：综援贫困、家庭暴力、老夫少妻、孕妇来港产子，等等。但是事实上，香港的新移民们，他们也是 700 万香港人口中不可分割的一部分，他们移民的这一路走来，有过无声的艰辛，也有过"香港，会成为我的香港"的梦想。他们对于这座城市的感受，又是如何的呢？

从这层考虑出发，7 位 20 世纪 70 年代在内地出生、童年时随父母移居香港的七字头新移民们聚在一起，在《也是香港人：七字头的新移民志》（进一步多媒体，2009 年 4 月）一书中共同书写自身的移民记忆、在这个城市成长的经验、面临"九七"而有别于香港人的前途困惑，以及种种由身份而引发的对香港和中国的纠结情感。

　　身份与认同是这一批七字头新移民所共同面临的最大问题。回首 20 世纪七八十年代，那个时候正是香港经济起飞，股市畅旺的黄金时期。经济向荣，连带着人人都金光灿烂，餐餐都要鱼翅捞饭伴干邑——把昂贵的鱼翅用来捞饭捞面吃，可见当时香港经济的繁荣程度，香港人的意气风发，不可一世，就此到了极点。财气之下，难免于无形间滋生出很多的傲气与优越感，这股子优越感在相对贫穷落后的内地人面前又会得到成倍的放大。1979 年，无线电视连续剧《网中人》在香港热播，一位刚从内地来到香港的新移民程灿，在电视里笑着说："我系阿灿呀！"在香港陌生文化与环境中，程灿被刻意刻画成一个愚昧、憨厚、封闭、缺乏修养、说话带口音的内地人代表，"阿灿"也因此成为一种贬低内地新移民的歧视性标签，而香港人也在标签内地人的这一过程中获得了精神上和身份上的双重满足感。

　　在说普通话成为潮流的今日香港，那些依靠海外文凭和技术在港占得一席之地的新一代"内地新来港定居人士"，是无法想象那个时代的内地移民所遭受到的巨大歧视和不公的，而这种歧视的压力又并非仅仅来自于单个个体的嘲讽，而是整个社会的褊狭与排斥在日日逼迫着他们本已狭小的生存空间。从几位作者的回忆中可以看到，他们的父母辈，无论之前是高级知识分子，还是拥有一技之长的工程师，来到香港后由于内地的学历文凭不获承认，又不会说粤语和英文，即便已经人过中年，但是为了生存，只能在车间或者工地上从事一份低级简单的重苦力活。而整个家庭由于新移民的身份，又没有权利享用住公屋的福利。廉价的公屋，是香港政府四大福利建设中的一项，但是只有在香港住满七年的合资格香港人才有资格申请[1]，这就使得绝大部分的新移民只能全家寄居在亲友处，或者蜗居在狭小的工棚里。艰苦贫穷的生活更加将这些新移民与香港社会隔阂起来，几位作者在香港寄读学校里，因为害怕被别的小朋友嘲笑自己是"大陆妹"，均很少主动交朋友和参加学校活动，甚至很少主动说话，这种疏离之下所带来的自我价值贬抑，那感觉就如同"发现自身犹如一张过期奖券，连带着往日从长辈、亲友邻里的真实怜爱中折射出的自我价值，也一并作废"（梁以文）。

　　前途与命运也是这一批七字头新移民时时忧于心间的苦恼。在那个你斗我斗你的动乱年代，由于家庭出身的不好，七位作者的父母辈们不得不无奈地选择远离家乡，来到陌生的香港。与其说是移民，不如说是躲避政治迫害与纷扰。在香港的生活虽然一贫如洗，又时常遭受身份上的煎熬，但好歹这里可以自由地凭借着双手去开创一片生存的空间，而不必再经历那种是非颠倒、鬼蜮横行的黑暗现实。所以很自然的，这个时代的新移民们都对

---

[1]　新移民初到香港的几年里都是所谓的"绿印者"。所谓"绿印者"，指的是在香港还没住满七年的新移民，香港政府办理的临时身份证上盖的是绿色的印章，需要每一年去延期，直到七年满了，就可以获得香港的永久居留身份，变成黑印。这小小的黑印就成了"香港人"和"非香港人"的身份划分，只有黑印者才有资格享受香港政府所提供的各种福利待遇。

未来与前途充满了无限的渴望。可是谁想到，甫一进入 80 年代，中英两国就香港前途问题的谈判开始了。1984 年，中英正式签署了《中英关于香港问题的联合声明》，香港回归进入倒计时，遥远的"九七"一下成为时间点上的大限，有能力的香港人纷纷移民海外，而这些刚刚在香港奋斗出一点名堂，已经取得或者即将取得香港正式身份，并欢天喜地的准备购买他们第一套住房以在香港安定下来的新移民们，前路又何在？对于未来美好生活的无限憧憬，似乎一下又要倒退回过去的苦难之中，这份打击无疑是巨大的——无论怎么逃避，都挣脱不了那个命运之网（这里必须指出的是，这一批新移民在前途问题面前，内心里其实充满了矛盾。一方面是那种挥之不去的政治恐惧，另一方面则是对于故乡难以磨灭的情感。两者交织在一起，回归祖国，竟变得如此的忐忑不安）。在书中，我们可以多次看到作者们所不约而同记录下的叹息与沉重，在这一段时期内长久地弥漫在每一位新移民的心中。

　　然而，尽管有着这许多的不堪与彷徨，七位作者，以及更广大的这一批 20 世纪 70 年代内地新移民们，并没有就此向命运低头，而是通过自己的不懈努力，自力更生，拼搏出一个又一个我们所熟知的"香港故事"。这段历程在他们的生命中，或许只是一段细碎的、原以为不复记忆的往事，但对于香港而言，这座城市的集体记忆和精神形态，却因为这些七字头新移民们的这段生命历程，而显得更加完整和丰富。香港，也同样是他们的香港。

香港最后一个政治贵族

有"大罗"之称的罗德丞是香港"大佬"何东的外孙，他的父亲罗文锦是老牌律师，港英时代曾任行政、立法两局议员，更曾担任首席华人非官守议员，可谓系出名门、身兼巨富，是香港典型的政治贵族。而他在香港政坛，特别是香港回归前一段日子里的戏剧性起伏，更是给后人留下了很多品评的空间。香港民建联前主席马力就曾称赞罗德丞为众多当年有意角逐首届特区行政长官的政治人物中，最有政治智慧、能力最强者；而民主党元老司徒华则贬损罗为没有政治道德和政治智慧的两面小丑。孰是孰非，《罗德丞政海浮沉录》（博益出版社，2007 年 11 月）一书的作者高继标，出任罗氏的新香港联盟总干事与私人秘书多年，由他所写就的回忆录，或许可以为我们提供一个崭新的评判视角。

一直以来，港英政府都利用本土华人家族的影响力去管治香港，对于他们的后代如罗德丞，自然多加栽培重用。到了 20 世纪 80 年代麦理浩就任港督后，更视罗德丞为延续华人世家与港英协作仅有的一灯香火，并先后委任其为行政、立法两局非官守议员。

正当罗德丞在港府内的仕途大红大紫的时期，香港前途问题提上日程，1984 年英国首相撒切尔夫人在北京跌出了外交史上那著名的"一跤"，紧接着中英两国签署了《中英联合声明》，中国收回香港已经成为定局。在这样的背景之下，罗德丞以不满英国政府在香港前途谈判中未有顾及港人利益为由，"愤然"辞去两局议员的职位，与英国政府划清界限，并开设投资移民公司"太平门公司"，协助港人移民。不久，被港英视为"叛徒"的罗氏转投北京，先后提出了多项有针对性的议题，包括"直通车"问题、港英新机场的阴谋论，以及其最得意的一笔——立法会"一会两局"的投票制度。"一会两局"的运作方式类似英国的两院制，将立法会一分为二为功能组别和直选组别，当立法会议员提出私人提案时，两组议员必须分开投票，两组赞成者同时过半，提案才能通过，目标是大大压抑议员提出私人草案的通过机会。据书中所述，罗德丞为了推行该方案，曾向当年的港澳办主任姬鹏飞游说，当时立法会所采取的是简单大多数的决议方式，只要一方得到 51% 支持，就相当于得到了 100% 的票数，拥有话事权，其余49% 其实等于零。言下之意，51% 的人可以完全控制余下的 49%，所以民主派的力量只要在立法会取得 51% 票数，便可以为所欲为，翻天覆地，因此罗德丞认为适宜把立法会一分为二，以分组点票制去钳制立法会的民主力量。在罗德丞看来，只有这么做，才可以让中央完全放心，中央才不会干预香港。由于罗德丞在这些议题上的立场与贡献，很快就获得了中方的器重，被委任为基本法咨询委员会副主任、港事顾问、筹委会委员及推选委员会委员等，并成为首位放弃英国国籍，拿中国护照的香港人。

临近"九七"回归前，罗德丞又雄心壮志地竞逐首任行政长官，可是由于其世家子弟的性格以及路人皆见的野心，加之中国政治文化中素来讲究"韬光养晦，深藏不露"的策略技巧，结果最后因为不得人心只得宣布弃选。这位曾叱咤风云的香港政治贵族从此淡出政治舞台，鲜有论政，直至 2006 年底病逝于香港。

一般来说，香港的政治人物，很少有如西方政客退休之后写回忆录的传统；即使有，或者出于中国人的人情世故而对关键事件、敏感人物多所避讳，或者就是王婆卖瓜自吹自擂。这本书或多或少也有类似的缺陷，作者自己也承认，原定计划写十万字，最后只写了六万字就收笔，为的就是"不想没有了朋友"，毕竟书中所提及的人物大部分仍然健在，而且活跃于香港的政商两界（例如当年贵为布政司的陈方安生曾忠告下属孙明扬要和罗德丞保持距离，但另一方面又派遣儿子参加罗德丞搞的富豪大陆交流团）。但即便如此，书中对香港回归前后十年的政坛生态演化，以及政局转变中那些可笑可悲可叹的所见所闻，依然可以以平实大胆的笔触娓娓道来，甚至毫不忌讳地批评所短，不得不让人肃然起敬。

就以罗德丞为例，作者虽然作为他的私人秘书与其共事长达十年之久，受益匪浅，但作者在书中并没有一味的褒扬，而是通过具体事件钩沉出人物在历史进程中的真实性格。从罗德丞备战区议会选举时因为组织上缺乏章法，只能出动岳母在幕后参与实务和沟通工作，将政党家庭式经营，到其推销"一会两局"方案时因不满《信报》创办人林行止的批评文章而设立"鸿门宴"刁难对方，再到竞选香港首任特首时搜集竞选对手董建华、杨铁梁的"黑材料"，唱衰"董陈配"，作者的行文都未有任何的保留。而对于罗德丞当年放弃英国国籍一事，作者亦理性地分析道："英国修订国籍法是在 1981 年，但罗德丞愤而辞职是在 1984 年，三年才愤而辞职，在时间上欠缺了一个合理的解释……罗先生选择了一个疑点重重的理由（指不满英国修订国籍法，把港人拒诸英国门外）去解释辞职的原因，反而留给人更多的疑问。"

与此同时，作者也毫不掩饰自己对罗德丞行事作风中干练直爽一面的欣赏，并且举出罗经常在大清早教授自己分析政经时局，以及奖赏有度的事例，认为罗氏虽然外表冷酷，但内里却有温情的一面，也很懂得惜用人才，是政界少有的奇才，也是一位真正对学问有兴趣、有追求的人。

但是罗德丞毕竟在历史上"沉"了下去，这一点，从书名的"浮沉录"而非"沉浮录"，就可略见一斑。对此，作者认为，在政治舞台上，罗德丞的行事霸道、恃才放旷、好行险招，均来自于他显赫家族背景之下所熏陶出的政治贵胄之气。这种政治贵胄性格，从积极的一面看来，锤炼出了罗德丞高深莫测的政治智慧和灵活权变的政治手腕，但也直接导致了他在政台上难以与异己为伍，也难以为大多数人所容受，以至孤芳自赏，最后只能郁郁寡欢地退出香港的政治舞台，成为香港最后一个政治贵族。

一卷鲜活的香港故事

　　中国最早一批留美学生和昔日香港有着不解的缘分，这其中，就有香港人非常熟悉的周寿臣爵士。这位清政府派出的第三批留洋幼童之一，香港史上第一位华人议政局（即后来的行政局）议员，第三位受封为爵士的土生华人，香港东亚银行的创始人，在20世纪初期的香港政商界扮演着举足轻重的角色，并因贡献卓著而赢得各方的认同和赞许，迄今香港岛南区的寿臣山和寿臣剧院皆以他命名。在由周寿臣之孙周振威博士和香港大学亚洲研究中心助理教授郑宏泰博士合著的《香港大老——周寿臣》（香港三联书店，2006年12月）一书中，便细致总结了周寿臣几经波折、历尽风雨的百岁人生，重现了他生于香港、肄业美国、任职清廷、服务港英的事迹。

　　所谓大老，是指在香港德高望重、社会地位显赫的高寿人士。在20世纪50年代，周寿臣与香港首富何东爵士，双双被人尊称为香港大老（Grand Old Man of Hong Kong），而周寿臣的地位，又尤为特殊。这位前半生见证风雨飘摇的晚清政局，后半生致力于香港经济发展的大老，其人生所折射出的，是一卷鲜活的香港故事。

　　香港开埠20年后，周寿臣在香港岛黄竹坑一个乡村中出生，年纪稍长即在父母的安排下进入创校不久的皇仁书院（Queen's

College）念书，初步接触西学。而当时连番遭遇外敌侵扰的清皇朝，在接纳美国耶鲁大学首位华人毕业生容闳的建议后，派出幼童赴美，希望借此强国强兵，抵御外敌。年仅 12 岁的周寿臣，就在此机缘巧合之下负笈西洋，就读于哥伦比亚大学。可是，这次被李鸿章形容为"中国创始之举，古来未有之事"的留学计划，却因保守势力的诸多阻挠而草草收场。

回国后的周寿臣由李鸿章委派至朝鲜，负责海关税务工作 20 余年。作为清廷藩属，朝鲜的命运同样多舛，既有西方列强的虎视眈眈，亦有岛国日本的伺机吞并。在这样的大环境之下，周寿臣在协助总管朝鲜事务的袁世凯约束日本野心的同时，还需平衡列强的争夺。虽然朝鲜的内部事务可以安抚，但日本的侵略却无法抑制，最后甚至引发了中日之间的甲午战争。战争的结果震惊世界，全盘西化的"倭寇"击败了局部变革的"天朝大国"，令许多留洋人士开始重新思考国家的振兴之路。部分人士认为由上而下的改良已经没法引领中国走出任人鱼肉的困境，部分则坚持仍然听由上层领导，并提出全面变革的设想。当时已经年过半百的周寿臣则选择返回到自己的出生地香港，一心发展实业，以实业兴国。

回到香港之后，由于个人既有赴美的留学背景，又有丰富的行政及管理经验，更具备穿梭不同政治势力的人脉关系，周寿臣不但成为香港商界争相招揽的生意合作伙伴，连港英殖民地政府也认定他是"行政吸纳"的理想对象，先后委任他为洁净局（即后来的市政局）及定例局（即后来的立法局）议员。周寿臣在1925—1926年"省港大罢工"期间的努力调停，更是为省港华人及港英政府达成双赢局面立下汗马功劳，由此进一步深得港英政府信任，破例被任命为殖民地政府权力核心——议政局的首位华人议员，可谓是香港华人的杰出代表。

特别值得一提的是，在香港沦陷后，周寿臣与其他华人领袖加入日军所设立的"香港华民各界协议会"，协助日军管理香港社会秩序。对于这一段日治时期周氏跟日本人合作的历史，本书并没有刻意隐瞒，但写得较为委婉："面对那个困局，一走了之、明哲保身或者是部分人的选择。但是，对于那些走投无路而别无选择的人而言，俯首称臣，并在自己可以争取的范围内协助那些生命悬于一线的市民，未尝不是一种行善积德、造福人群的举动。"作者在这里通过一个细节强调出周寿臣的爱国之心：当被问及为什么都一直穿长衫马褂、卜帽布鞋时，周氏的回答是："因为我是中国人！"

个人的命运与时代的发展始终是相互依傍的，从周寿臣的一生，可以窥到近代中国起伏跌宕的历史发展变局，以及一个世纪的香港沧桑故事。同时，赴美留学是教科书上鲜有提及的一段历史，只有钱钢和胡劲草合著的《大清留美幼童记》一书成为补遗。从1872—1875年，清政府派出4批共120名少年赴美留学，名单中更是有不少包括周寿臣在内的香港人。最终留美幼童计划半途夭折，但故事并没有就此停下来。他们被召回国，经历了晚清至民国期间的动荡时代，有的担任朝廷要职，有的在战争中阵亡，100 多年后的今天，他们的后人各散中美，不知是否还记得祖父辈的故事？因此，从这层意义出发，向来被喻为文化沙漠的香港，是不是应该多出版些类似的人物传记，以帮助年青一代的香港人更深刻地理解典型"香港故事"的特质和内涵呢？

华洋混杂的香港大老

昔日，香港曾流行过一句"有钱得过何东"的谚语来比喻何东爵士富甲一方。这位与周寿臣一同被尊称为"香港大老"的爵士，虽然外貌看似洋人，但行为举止却十分中国化，仿佛与香港的历史和命运——既属中国固有领土，又曾为英国殖民地——紧紧地结合在一起，休戚与共。再加之他的家族后人在今日社会上极高的知名度（例如澳门赌王何鸿燊），都使得此书深具阅读的价值。

欧亚混血的何东 1862 年出生于香港，在很小的时候他荷兰籍的父亲因生意上的失败而黯然离开香港，不得不和华人母亲相依为命，靠自己的双手打天下。由于早年曾经求学于双语教学的中央书院，精通中英双语的何东毕业后旋即加入了广东海关，开始其个人经营东西贸易的事业。或者是看到商业社会的巨大发展空间，在海关工作两年后的何东选择投身英资龙头大行——渣甸洋行，成为该行的一名华人助手买办，并且凭借个人兼通东西、连接华洋的卓越才干，在极短的时候内获得提升，被委任为刚成立的"香港火烛保险公司"及"广东保险公司"总买办，掌管旗下大小不一的华洋贸易。

在个人成就获得充分肯定而商业网络又逐渐建立起来之后，何东又进一步利用自己横跨东西文化的优势，与两位胞弟何福及何甘棠另起炉灶，共同组建起自己的公司"何东公司"（Ho Tung & Company），专事食糖的买卖，由东南亚等盛产蔗糖之地输入廉价食糖，再转售给食糖一直供不应求的华北地区，赚取差额利润。由于经营得法，何东迅速致富，年纪不出 30 岁便已经崛起成为香港一位举足轻重的富豪巨贾。

商业贸易初试啼声便取得骄人成绩的何东，还进军航运及地产买卖。早期的香港虽然是进入中国市场的重要门户，但它的动荡与混乱仍使得许多居港华人将此地看做自己临时的暂居之所，他们并不大愿意将自己的财富留放在这里做长期投资，特别是投放在那些"带不动，拿不走"的物业地产之上。而何东则恰恰相反，由于一直视香港为家，立志扎根本土，因而在每次政治前景不明朗而市场气氛低迷之时，何东都能以相对较低的价格吸纳优质投资项目，作为长线投资，从而令个人财富在短时期内得到飞速积累。或者正是这种出类拔萃的投资目光和胆识，以及对香港社会的无比信心，令他能稳居"香港首富"的地位而终其一生。

商场上长袖善舞的何东，在政治领域也积极参与，特别是对于中国的政治事务，更是由于其特殊的身份而亲力亲为，并因卓越的贡献而赢得各方的认同和赞许。早于 1898 年，何东就曾经因为同情"戊戌变法"而冒险拯救被慈禧太后追捕的康有为，甚至干冒政治上的"大不韪"而招呼康氏到家中作客。中华民国成立之后，何东又奔走南北，呼吁军阀放下个人私利，停止内战以结束国家的分裂局面。1929 年，何东遣子从军，幼子何世礼加入张学良将军的东北军，其后抗击日寇，保家卫国，半身戎马而至国民党将军要员。此外，何东也积极参与香港的政治事务，除了支持胞弟何福进入香港立法局之外，也通过女婿罗文锦、罗文浩在政府的不同层面发挥影响力，展示出个人亦商亦政的超然地位。

何东的个人成就固然让人敬佩，但与此同时，他欧亚混血的独特身份也清楚地烙印出在香港殖民地色彩之下，深受西方文化感染的华人或欧亚混血儿内心里因身份认同而产生的各种矛盾与挣扎。

一方面，何东一直高举华人身份的旗帜，宣示自己的中国人身份。当香港的华人社会遇到重大困难而需要他的帮助时，何东均表现得极为热心，不但输财出力，亦会全情投入。同样的，当内地战火不息、生灵涂炭时，何东又会挺身而出，由南到北地呼吁和平，及至遣子从军，更是被视为极为高尚的爱国行动。如此种种，均可显示何东的华人身份认同，不仅仅是一身长衫马褂的华人服装打扮那么表面，而是以实际行动做出了表率。

另一方面，何东又一直坚持英国属土公民（British subject）的身份，私底下更表示效忠香港殖民地政府和英国政府，甚至多次为英国政府出谋划策（如 1922 年调停海员大罢工时，承诺捐出巨款以满足劳方要求，但当罢工风潮结束之后，又不肯兑现承诺；1925 年省港大罢工，何东更是秘密支持港英政府以强硬手段对付工人，并协助政府分化工人，瓦解罢工行动），以及希望英国政府运用一切外交力量，维持其在华利益，行为举止与其一向忧国忧民、认同中华的形象大相径庭。

何东的这种身份矛盾也间接来自于他者的评价与审视。由于中国社会传统中"非吾族类，其心必异","只信自家人，不信外人"一类的歧视心态作祟，尽管何东曾公开认同中国人的身份，但他那让人一看便觉得并非纯种华人的外表，以及穿梭于华洋社会的买办角色，都使得华人社会往往对他报以怀疑或者不信任的目光；而对于英国社会而言，虽然在香港殖民地出生的何东，按照英国的国籍法属于英国的子民，但殖民政府歧视非欧洲人的政策，似乎超出了法律的层面，因此也没有主动地视何东为"混血华人"，像对待英国公民般平等待之。

对此，《香港大老——何东》(香港三联书店，2007 年 7 月)的作者郑宏泰和黄绍伦就认为，在东西文化接触和交往极为密切的香港殖民地社会中，何东不但是东西方血肉的混合，连思想、价值、态度和行为等方面均是东西混合的，因而才会同时受到华洋社会的诸多质疑，认为他只知为着一己私利或是对方民族的利益考量，而并非自己民族的一分子。其结果，这些混血儿的立场和态度就显得左摇右摆，继而出现身份认同上的纠缠，甚至产生双重效忠的尴尬和矛盾。

但何东也有着非常真挚浓厚的爱港情结，是"饮香港水，流香港血"的"标准香港人"。《香港大老——何东》一书中专门引述了 20 世纪 30 年代香港华商总会所披露的一份"全体价值董事一览表"，从这份资料中可以看出，当大部分华商将自己的"祖籍"

登记为东莞、佛山、海南一类的地县市时，何东登记的则是"香港"，一个传统上不会有华人如此称呼的祖籍地。这充分说明何东并没有一般华人只视香港为临时居住地的"过客心态"（sojourner mentality），正是这种"以港为家，扎根本土"的香港心，终令其成为享誉香江的"香港大老"。

甘尚武的世纪回忆

20 世纪是一个异常动荡的时代，生于这个大时代初，今年已
90 多岁的甘尚武，一生充满了传奇色彩，而阅读他的人生历程 [《世
纪巨变九十载：从陈济棠秘书到执掌大马南顺》(香港三联书店，
2007 年 8 月)]，不仅可以略见中国的悲痛历史，也可以观照出一
个时代波谲云诡的历史侧面。

甘尚武出生于殖民地时期的香港，在香港大学就读时过着贵
族生活。1937 年甘尚武参加港大学生会组织的"大陆观光团"，和
同学来到平津考察时恰逢"七七事变"。在天津，同学买来报纸，
偌大的标题《日本攻打卢沟桥》，甘尚武看到很多穿和服的日本妇
女在摇旗呐喊，为日军前往卢沟桥作战而欢呼打气，他为中国土
地上发生的这一幕而深感耻辱，同时亦令他萌生出毕业后返回内
地抗日救国的信念。

甘尚武说："在面对日本人侵略的时候，所有中国人都是团结
在一起的，不论你是什么样的出身、党籍。"因为机缘巧合，港大
毕业后回到内地的甘尚武于 1939 年到达重庆，并担任起"南天王"
陈济棠（陈济棠在 20 世纪 30 年代统治广东，集军权与政权于一
身，势力雄厚、叱咤风云，足以与当时的中央政府对抗，故而有
"南天王"之称）的机要秘书，参与抗战工作。

1945 年抗战胜利后，甘尚武来到台湾投入工商建设，不仅代表国民党出席了接受日本驻台部队的投降仪式，也亲历了台湾"二二八事件"。其后甘尚武又先后赴美国、欧洲，并最后在马来西亚执掌南顺集团，取得空前的成功。

尽管作者在书中对其后期创办南顺集团马来西亚公司着墨甚多，但全书最吸引人的部分，无疑是作者所披露的国民党守军从海南岛撤离的军政机密。当然，由于作者撰写回忆录时年事已高，加上平日似乎没有写日记的习惯，许多事情都只能凭借记忆，因此难免在一些时间点和事件上会写得较为含糊（这是很多回忆录的通病），不过对于我们更加确切地了解这段历史，还是不无帮助的。

1949 年底，大陆已全面解放，国民党政权只剩下台湾与海南两大岛屿，而出任海南行政长官的，正是作者在重庆期间的旧上司陈济棠。根据甘尚武所述，陈济棠出任海南行政长官是由李宗仁所委任，时间是 1948 年"淮海战役"失利，国民党失守南京，李宗仁迁都广州之际。

陈济棠出任海南行政长官后，旋即电召还在台湾的甘尚武来海南岛，以拓展工业建设发展海南。当时国民党由广州撤退下来的数万大军，驻守海南岛，保卫海南总司令则是由陈济棠所推荐的广东省主席薛岳所担任。薛岳就职后，修筑了一条号称难以被攻克的"伯陵防线"。据甘尚武称，"伯陵防线"布防以后，在 1950 年 4 月的第一次战役中，确实取得了小规模的胜利，以至于作者在深夜被炮声惊醒之后，心中也并不感惊慌，因为"知道在海口的'伯陵防线'相当坚固，薛岳不会轻易放弃"。但没有过多久，作者就被陈济棠在某日清晨紧急召见，并被告之林彪部队下午就将进入海口，要求他迅速撤离，原来在此之前，蒋介石已经下令放弃海南。而据作者观察，当日的海南各大报章，竟然依旧是大字标题渲染国民党军队的大胜，甚至准备在海口举行祝捷大游行。

在撤退的过程中，陈济棠曾询问甘尚武是否可以跟随自己一同前往台湾，因为当时甘尚武的妻子已撤至香港，作者遂提出想先去香港与家人汇合后再做打算，而这一别，没想到就是作者与陈济棠的永诀。（作者与陈济棠亦兄亦友的关系，可以见证于作者的一段自述。当时作者在与妻子结婚时，陈济棠曾作为他的证婚人，专门说过一句话："幼吾幼以及人之幼。"按照作者的说法，陈济棠"是以子侄看待我们"。）

对于陈济棠，尽管存在很多负面的评价，但从作者出任其机要秘书的经历看来，陈济棠给予作者的印象倒是一位仁慈厚道、乐于助人且喜欢做实事的军人。他在广州主政期间，就曾建立过很多工厂，以发展实业。在重庆担任农林部部长时，更是多次召开全国农林会议，讨论增产计划，同时设立多个大农场和林场，并派出垦荒队，四处寻找荒地开垦成耕地，以保证战时粮食之稳定供应。担任海南行政长官时，陈济棠也准备在海南岛大力发展经济，由于战事迫在眉睫，很多计划都只能被迫搁置一旁，但在作者和陈济棠的共同努力之下，也曾将海口电力厂发电机运到台湾修理后，再运回海口，使海口重现光明。

1954 年，曾经的"南天王"陈济棠在台湾病逝，得到厚葬，蒋介石率百官公祭。到了 1980 年，邓小平在北京接见了陈济棠的儿子陈树柏教授，邀请其回国办学，并题鲁迅诗两句以赠："度尽劫波兄弟在，相逢一笑泯恩仇。"（此事由陈树柏访邓后到马来西亚时亲口告诉作者）

大江东去浪淘尽，千古风流人物。对于人生历程将近一个世纪的老人来说，甘尚武最大的感触，莫过于看尽了政局的瞬息变幻，人世的生荣死哀。前半个世纪中国兵荒马乱、民不聊生，现今的中国却已成为世界举足轻重的大国，而那些过去曾何等风光的人物，都是此一时，彼一时，早已淹没于历史的记忆碎片之中。再将作者这一单个个体的世纪人生放置于历史之下，浓缩提炼后，也不过仅仅只有一本书这么厚，让人欷歔感慨！

三年零八个月，往事并不如烟

香港的日治时代是指第二次世界大战时日军统治香港的时期，始于 1941 年 12 月 25 日港督杨慕琦投降，结于 1945 年 8 月 15 日日本投降。这段沦陷期，被香港人习惯地称之为"三年零八个月"。

毫无疑问，日治时代是香港历史中最为黑暗的一页，香港人所度过最痛苦的一段岁月。日本占领香港，是为了达成它征服东亚和东南亚地区的野心，成为与西方强国势力等同的殖民地统治者。1942 年 2 月，日本当局在香港成立总督部，就明确表示香港的主要用途是作为补给日本军队的军事基地，并将香港归纳为日本"大东亚共荣圈"的一部分。

但是直至今天，有关香港日治时代的资料仍旧十分零碎，香港人对香港在这段时期内急剧发生的社会变化，沦陷区市民在恶劣情况下如何继续接受教育，都所知甚少。《从十一万到三千：沦陷时期香港教育口述历史》（牛津大学出版社，2005 年 7 月）这本书所记录的，正是香港教育史上最凄惨黑暗的一页。

20 世纪 30 年代战前的香港学校，分为传统私塾、私立的中文学校和官立的英文学校三类。三年零八个月的日治沦陷时期这段日子里，日本为宣扬"大东亚共荣圈"，无暇顾及教育的发展，致使香港教育几乎停顿，中小学校数目大减，学生人数也从 1941 年的约 112 000 人，锐减至 1945 年的约 3 000 人，绝大部分学童被迫失学，他们或辗转流亡千里，或设法谋生求活，并时刻面临死亡、饥饿、疾病、轰炸、酷刑等威胁。

沦陷时期的香港教育，明显带有奴化色彩。当时日军对香港占领地总督部管辖地区，设立文教课，并编订美化日本军国主义的新教科书，强令学校采用。同时，日军又大力推动日语教学，规定原有的英文学校禁止使用英语，必须教授日语，并专门成立"日本语教育养成所"，培训日语教员，企图以日本文化塑造香港年轻人，使他们认同"大东亚共荣圈"，以加强对他们的殖民统治。

对于这段日治时期香港学童教育状况的研究，长期以来一直都较为匮乏，无论是在官方诸多"香港史"书籍的著述中，还是在历史博物馆"香港故事"的展览中，都过多地关注于"从十一万到三千"两个前后反差巨大的数字之间的对比上，而缺乏立体的书写。

而《从十一万三千：沦陷时期香港教育口述历史》这本口述历史著作，则独辟蹊径，采用口述访谈的方式，真实还原和再现了 18 位老香港于日治沦陷时期的个人教育经历和感受。这 18 位受访者中，战前有就读中式私塾的，也有就读英式教会学校的。香港沦陷之后，有些人逃到内地继续学业，甚或参加抗日游击队，从事文化教育工作；有些人则留在香港继续学业、或当学徒，半工半读；也有辍学谋生，直至战后才复学。他们的共性，就是都曾亲历过抗战时期的艰难岁月，并曾于沦陷前后在香港求学或任教。他们的口述篇章，不仅帮助我们有机会重温香港沦陷前后的社会状况及教育情景，也是对香港教育史的一个重要补充。正如香港教育学院副校长陆鸿基在此书序言中所写："过去，我们对沦陷时期的教育，所知有限，大概只有一份惨淡萎缩的印象。……访问录既印证了其他的史料，也深化了我们对这段时期香港市民生活的认识，让我们更立体地认知和感受到沦陷期生活的复杂性，避免过于简化偏颇的印象。"

这些经历"三年零八个月"香港沦陷苦难岁月的小人物，从他们口述中，可以发现隐藏在历史表象背后一些极易被忽略的细节。有趣的是，这些细节，又因为个人所身处的环境及成长背景差异，而会产生对整个社群或者社会经历迥然相异的诠释。

以看待占领香港的日军和接受日文教育为例，曾经参加过东江纵队港九大队的两位口述者，因为身处远离港岛中心地带的新界，地理位置上的偏僻使得他们有机会经常接触游击队的抗日活动，从而很小便激发起一份自觉而强烈的爱国情怀——"游击队在各村内展开文化和教育活动，按年龄成立不同的活动组别，如儿童团、青年团、民工队、妇女会和青年会"。他们将对侵略者的憎恨化做抗日救国的实际行动，主动投身游击队。其中一位口述者蔡松英，更是两次背着父母"离家"，联络抗日组织；另一位口述者刘锦文，则主动担任国文教育工作，"教书以外，也会向学生讲日本侵华的情况，如日军如何在中国奸淫掳掠、残害中国人等，希望提高学生的爱国心"。而居住在九龙或者港岛市区的口述者，则对侵略者又有另一番描述，按照口述者彭永福的回忆，"因为香港没有经历南京大屠杀等残忍事情，抗日情绪也不太强烈，对于日军也不太反感，甚至有人认为日军军官尚算有礼"。在他们看来，学习日文是当时的"潮流"，是为求生存的一种安全保障，香港市区内也开办了多间日语学校，有些是自己主动找私立学校读日文（如口述者麦淑坚），有些是跟随在日军管治企业下做工的亲戚或者友人学习日文（如口述者黄子玲），有些则是被派往日军专门开设的"日本语教育养成所"接受日文培训（如口述者谭月华），更多的则是在日本奴化侵略政策下在学校里强迫接受日文教育（如口述者李崇健）。在他们的叙述中，可以看到如下的回忆，"那个日本兵有时会来我家，看看我们打麻雀。他说起打仗的情况，说时也在流泪"（口述者黄子玲）；"我感受到地道的日本人也算不错，他们较为温文，还肯实际教导我们，但相反那些日本籍的台湾人则不太友善"（口述者麦穗林）；"我们住的太子道、公爵街一带，也有不少日本人居住，觉得有些日本人还不错。那些有配剑的大军官较有礼貌，不会随便骚扰我们"（口述者彭秀欢）；"教我们日文的老师又仁慈又可爱，他们温文有礼，课堂上和我们点头，也会除下大衣上课"（口述者谭月华）。

　　这些对同一历史事件所产生的认知上的差异，正是口述历史最为珍贵的地方。个人口述历史的内容，往往是如实记录当事人亲身体验的生活和经历。在当事人讲故事的过程中，同时也是在表达种种带有主观色彩的思想、观念，以及他对历史事件的自我反思。因此，在同一历史阶段中，不同人物的口述历史，能为我们提供不同的视野。而当我们将这些不同视野的故事放在一起观看和比照时，就会对那些耳熟能详的历史事件，有着更多层次、更多角度的体会。

然而必须指出的是，口述历史虽然可以弥补大历史的不足，但它终究也是一种研究方法，无法避免历史学家在采访过程中既有的偏见或者想象，从而丢失历史原本应有的真实。在本书中，虽然这 18 位受访者的口述被直接记录下来，但书中流畅而充满文学色彩的语句却常常给人以一种"非口述"的错觉。例如，"我最喜爱《新女性》这首歌，它反映了三十年代中国女性面对挑战，但仍坚强独立的个性，这首歌亦成了我一生的激励"（口述者李妙卿）；"西贡面海背山，海岸线长，林茂水秀，环境非常幽静。乡村星散，村民淳朴厚道"（口述者刘锦文）；"浙江大学的校长竺可桢，聘请了不少国际知名的学者。大学本部在遵义，师范学院及附中在湄潭"（口述者黄澎芬）。因此，如何甄别"主诉真实"和"客观真实"，这本书还需要做出进一步的努力。

当然世事总不能尽如人意。当历史永远走得比历史记录快，作为史料钩沉和再现沦陷时期香港教育情况的口述历史，到底比乏沉的官方数据和数据趣味盎然得多。

在香港寻找迷失的家园

就华人移民而言，"家"是一个日渐模糊不清且充满矛盾的概念。在过去，华侨有一个十分清楚的"家"的概念，那就是他们所出生的村庄。那里是他们无论漂泊何处，最终都要回去或者至少在精神上回归的地方。然而，当代华人移民在努力维持世界不同角落多重居留的同时，却无法确定哪一个地方才是他们真正的家。他们就此迷失了他们对"家"的认识，生活在别处的困惑无时无刻不成为他们心中的困扰。也正因此，对家园的寻找，对身份的认同，成为他们生命中的故事。

"香港印尼华人"一词指那些在印尼出生和长大，20世纪50、60年代移居到中国内地，又在70、80年代再移民到香港的那一群中国移民。从20世纪50年代起，受新中国成立所激发的民族主义的影响，大批东南亚华侨尤其是华侨青年陆续回到祖国。此后，他们中的大多数在中国学习、工作和生活了20年，对中国的各项建设事业做出了积极的贡献。70年代初期，当中国政府调整侨务政策，放宽了对归侨及其家属的出境限制之后，他们中的许多人又离开内地，来到了香港。现在，香港大约有30万到40万来自东南亚的华人。其中，印尼华人占绝大多数，有20多万人。

在《活在别处：香港印尼华人口述历史》（香港大学出版社，

2006 年）一书的作者王仓柏看来，香港印尼华人对于"家"的定义，是充满矛盾的。对他们而言，"家"分散在三个空间，分别代表着三种不同含义。香港是"功能的家"，印尼是"情感的家"，中国是"祖先的家"。"家"在这三个方向拉扯之下，出现了无法愈合的裂痕。这种裂痕在香港印尼华人的内心深处，制造了强烈的不安全感和自我保护的潜意识。

首先，虽然香港印尼华人中的绝大多数已经在香港生活了 20 多年，并且获得了永久居留权。他们自己也承认，对香港的熟悉程度，已经超过了中国内地和印尼。但是，香港对他们而言，只不过是一个"居所"而已，一个他们及其家人可以生活的栖身之所。他们很多人并不认为自己是香港人，而充其量是这个城市中的一个"过客"。一位口述者在书中就曾这样说："我们并不认为香港是我们的地方，我们至今仍有这种感觉。毕竟我们是新移民，不是本地人。如果我们在这里出生长大，也许想法就不一样了。"

同时，在香港这块居所之上，香港印尼华人的社会地位和社会认同长期处于一种边缘化的尴尬境地，难以进入当地主流社会。就语言而论，经过在中国内地多年的生活，他们已经习惯讲普通话。除了一小部分来自粤语方言群的人之外，那些来自福建、潮州、海南等方言群的印尼华侨，都不会讲香港的本地话。即使在香港生活了几十年之后，很多人也依旧操有混杂着普通话和东南亚语言的特殊腔调。在"粤语"盛行的香港社会，他们在就业和生活等方面难免遭遇到歧视和排斥。香港印尼华人也不被其他的来港大陆新移民所认同。尽管印尼华人和其他来港新移民都遭受到香港本地社会的文化隔阂和社会排斥，但是，在一些内地人的眼里，这些印尼华人并不算是"真正"的中国人，他们已经失去了与中国祖籍地的社会和情感的联系。

其次，香港印尼华人对他们出生和长大的印尼，同样也怀有一种"家"的感觉。在这个意义上，"家"是他们感到轻松自在和具有文化亲近性的地方。然而遗憾的是，与印尼亲友关系的疏远和改变，也进一步加深了这些香港印尼华人"无家"的痛苦。在经历了长达二三十年的分别之后，香港印尼华人发现，无论是自己还是印尼的亲友，都发生了巨大的变化。要想恢复从前与家人的那种关系，已经不可能了。在印尼家人面前，很多人为自己在中国的坎坷经历和一事无成而感到尴尬和汗颜，因而有意与印尼的家人保持一种比较疏离的关系。用书中回忆者的亲身体验来描述，就是"当初我不顾父母的反对回到中国。虽然现在比较困难，但怎么还有脸面去求他们帮助。我只能靠我自己"。

再次，香港印尼华人仍然把中国内地当作他们的"家"。在这里，"家"意味着祖先的家园以及种族和文化的根源。然而，长期的海外漂泊使得中国在他们眼里，与其说是一个理想的居所，不如说是一个文化的符号。在书中，一位被采访者就曾经这样真切地回忆说："我是海南人，但我从未参加过香港的任何海南社团。这些社团的成员都来自海南，而我是在印尼出生的，我和他们有一种距离感。虽然我也回过一次海南，但除了我父亲那个村子的名字以外，我对那里一无所知。我和那些真正的海南人之间，没有什么共同的话题，也谈不上有什么感情。"

　　因此，从上述三层意义出发，香港印尼华人对"家园"的渴望显得更加珍贵和迫切。从"活在别处"到"活在此处"，也许这才是香港印尼华人及其后代的真心归属。真正获得一种回家的感觉，他们的旅行，还需要再走多远呢？也许，这本书中十位香港印尼华人的口述故事，将会告诉我们他们寻找家园、重建家园的生命答案。

龙应台的三十六封家书

说到家书，当代最有名气的莫过于艺术翻译家傅雷。在他一封封端秀的蝇头小楷中，傅雷给远在异邦深造音乐的傅聪写道：

> 第一，我的确把你当作一个讨论艺术，讨论音乐的对手；第二，极想激出你青年人的感想，让我做父亲的得些新鲜养料，同时也可以间接传布给别的青年；第三，借通信训练你的——不但是文章，而尤其是你的思想；第四，我想时时刻刻，随处给你做个警钟，做面"忠实的镜子"，不论在做人方面，在生活细节方面，在艺术修养方面，在演奏姿态方面。

这是傅雷不殚其烦，一笔笔、一行行、一封封坚持写家书的目的。那么，半个世纪后的全球文化评论者龙应台，面对十八岁拥有德国血统的儿子安德烈，她写出这三十六封家书的目的又是什么呢？

一切都得从三年前一次偶然的越洋电话开始。刚刚从台北文化局局长一职卸任的龙应台，当有时间将更多的精力投放进家庭生活中时，却发现自己已经完全不了解长大成人的儿子的内心世界。母与子之间的落差随着时间空间、世代隔阂乃至文化差异越拉越大。电话的一头，龙应台很想和远在德国的安德烈谈天，想要知道他在想什么，他在做什么，他为什么这么做，他在乎什么不在乎什么，他喜欢什么不喜欢什么，可是电话另一头却显得有点"冷"，"好啊"、"没问题"成了最简短最直白的回答。

这已经不再是写《野火集》的时代，曾经对专制与暴政猛烈批判、对自由和民主激情呐喊的龙应台，这一次面对的，却是开始沿着自己人生轨迹大步前进、充满着无穷困惑却不愿向母亲倾诉的儿子。在安德烈眼里，这是一个已经不再有任何"伟大"特征的失落时代，过往的经验已不合时宜，连想寻求一个叛逆的主题都不可得。每一个人都在舒适、有教养的家庭长大，没有痛苦和灾难，也缺乏叛逆和冒险；每个人都在走自己的路，选择自己的品味，设定自己的对和错的标准。因此每个人都退缩成小小的个体，保守而平庸，不知该如何定义自我。

安德烈的焦虑来自对自身价值与未来前途的迷惘，而换到龙应台眼里，却多了一层母亲的焦虑。这份焦虑来自亲子关系，来自如何理解儿子的生命价值与人生定位，如何引导儿子对周遭所处的环境，文化、社会秩序甚至经济体系有自我的观察与体怀。

于是龙应台放下电话，拿起手中的笔以自己最擅长的方式与儿子对谈，希望跨越世代与世代之间、国与国之间、生活与生活之间的差异，与安德烈重新建立起母子联结。正如龙应台在《亲爱的安德烈》（天地图书，2007 年 11 月）序言里所言：

　　我知道他爱我，但是，爱，不等于喜欢，爱，不等于认识。爱，其实是很多不喜欢、不认识、不沟通的借口。因为有爱，所以正常的沟通仿佛可以不必了。不，我不要掉进这个陷阱。我失去了小男孩安安没有关系，但是我可以认识成熟的安德烈。我要认识这个人。我要认识这个十八岁的人。

　　但是，十八岁的安德烈，每天都在不同的生活细节里考验着龙应台的思维。即便是在互通家书的过程中，两代人人生哲学的差异也被凸显出来：安德烈把写家书当做一件好玩的事情，只有五分的认真，却有三分的玩世不恭、二分的黑色幽默，经常就生活上的小事情提出一点细微的看法，而龙应台却把家书当做一件正儿八经的事情，恨不能将自己所有的人生智慧、阅历和视野在儿子面前展开，并且被接受，被了解，甚至被承袭。

　　不过，作为母亲的龙应台也很冷静，一再告诫自己"他是个完整独立的个体"。母亲之爱并不必然等于要强迫儿子努力学习，为他划定人生道路，所以在书信里龙应台并不会为安德烈提供解决人生困扰的答案，而是注重培养儿子独立思考的能力以及给予他自我选择的权利。

　　当安德烈十八岁高中毕业，要离开自己朝夕相对的德国小镇而为离别忧愁时，龙应台回忆起自己的十八岁，故乡因焚烧电线而乌烟瘴气的海滩、把女儿卖到外地的贫穷阿婆、骑车出门为孩子借学费而被火车撞死的乡下警察。这一切都内化成了龙应台日后面对权力的傲慢、欲望的嚣张和时代的虚假时的悲悯与关怀，并成为鼓励儿子找寻人生终极关怀的生动事例；当安德烈决定以拒绝交作业的形式反叛没有道理的老师时，龙应台赞同他敢于为自己的价值信仰去挑战权威，但同时又担心尚显稚气的儿子学不会如何保护自己不受伤害，崇高的理想主义者想要得到认可，就得在信仰和现实之间困难地找出一条自己的路来；当安德烈在周末和朋友酗酒大醉并告诉母亲，对于年轻人饮酒别过度紧张时，龙应台虽然掩饰不住自己的担心，但却告诉儿子自己所担心的并不是他"少年轻狂"时的玩乐，而是担心儿子在成人后是否依旧拥有追求自由的能力，因为人生的道路上充满着无数的荆棘。

三年三十六封家书后，已经二十一岁的安德烈和已经过了"知天命"年龄的龙应台，看似两代人的隔膜依旧存在，但两代人都做了同等的去努力认识对方。亲爱的安德烈，"我们原来也可能在他十八岁那年，就像水上浮萍一样各自荡开，从此天涯淡泊，但是我们做了不同的尝试，我认识了人生里第一个十八岁的人，他也第一次认识了自己的母亲"。

更为重要的是，无论信的内容谈论的是什么，也无论龙应台的笔法是否依旧《野火集》般宏大理性，我们都能从中体会到那种最原始的母爱，就好像母鸡奋力展开翅膀，欲将小鸡紧紧拥入怀中，给予安稳与温暖。

狐狸学者的倾城之恋

　　已经六十多岁的大学者李欧梵是中国近现代文学研究的权威，他最爱引用英国思想家以赛亚·柏林（Isaiah Berlin）关于"狐狸"和"刺猬"的比喻，将自己称为"狐狸型教授"。"刺猬型"非常专注，"狐狸型"则多方出击，李欧梵不仅在学术领域独领风骚，而且在文学评论、音乐赏析等多方面也颇有造诣。而他与妻子李玉莹在中晚年相知相爱的故事，更是一幅辗转芝加哥、波士顿、香港三地的爱情图谱，其温情与坚韧，足以让许多年轻后生惭愧。

　　这本《恋恋浮城》（*Life in Three Cities*，天窗出版社，2007 年 2 月），是他们共结伉俪之后合著的第三本书，前两本分别是《过平常日子》、《一起看海的日子》。在这本新书中，李欧梵与妻子继续用炽热的文字记录下他们婚后平淡而隽永的恩爱点滴，从相伴漂泊的浮城岁月中一起分享相依为命的幸福。在芝加哥，是对当年等待相遇的因缘怀念；在波士顿，是遇见彼此终成连理的至爱所在；在香港，是重归故里一生凝视的平常日子。三座城市，二十多年的光阴，都在时光流转中被他们一一走过。

　　李欧梵与李玉莹结为夫妇的过程其实充满曲折，并极富传奇色彩，按照台湾著名作家白先勇的形容，是"半生缘"加上"倾城之恋"。也许，张爱玲的故事《爱》的结尾倒是可以作为他们俩爱情的开端：

> 于千万人之中遇见你所要遇见的人，于千万年之中，时
> 间的无涯的荒野里，没有早一步，也没有晚一步，刚巧赶
> 上了……

20 世纪 80 年代李欧梵执教于芝加哥大学的时候，李玉莹正
好也在那里，那时的李玉莹已经结了婚，先生是在芝大攻读博士
的邓文正。因为李玉莹精于厨艺，是烹饪高手，又生性好客，他
们的家便成了很多中国留学生消遣调剂生活的聚会点，而聚会的
高潮就是吃李玉莹做的广东粥，最常做的是皮蛋瘦肉粥、艇仔粥、
及第粥、鸡粥。李玉莹追忆："我们的家，毕竟提供了一个温暖的
场地，请这批异乡的游子吃点故乡的食物，街外纵然是冰天雪地，
然而内心却是暖洋洋的。"

这批异乡的游子之中，有一个人便是李欧梵。1983 年一个冬
日的黄昏，在芝加哥大学的远东图书馆里，李玉莹看见李欧梵孤
零零地坐在大沙发上看书。在这本书的前言里，李玉莹这样描述
道："他看来神情萎缩，唇上长了胡须，衣着颜色搭配颠三倒四
的，一副放荡不羁的样子，但眉宇之间却隐隐存着知识分子儒雅
之气度。"就在那天晚上，李玉莹邀请李欧梵来她家吃饭，自此便
成了邓李家的常客，搭伙达五年之久，一段奇妙的姻缘之旅就此
展开。

多年后，李玉莹一家转回香港，李欧梵自己也已成婚，两家人中断了一段时期。再多年后，李玉莹与邓文正因性格不合而和平分手，李欧梵自己也经历了婚姻的波折。2000 年，在辗转 17 年后，李欧梵与李玉莹重逢，这一对饱经沧桑的世间男女，各自众里寻他千百度，才蓦然觉醒，原来眼前即是梦中人。半生缘的故事终于爆发出了倾城之恋，而香港，成为见证他们爱情的归宿。对此，李欧梵曾欣慰而自豪地说过：

> 我在甲子之年和玉莹结为夫妇，这只能说是缘分。如照现代人的说法，人生一切都和"逢时"或"不逢时"有关。我和玉莹的感情是时间造就的，所以也觉得特别深厚。时间是无尽头的，所以我们的感情也绝不会有枯竭之日。以最寻常的观念来说，普通人的生活会随时日的流转而逐渐变成俗套，其意义随子女的将来而转移。而我和玉莹反而感到时不我与，禁不住要弥补已逝的时间，虽然年华已逝，但也愈觉"现在"的珍贵，这是一种很自然的感觉。

这样的经历，在平常人看来，已经算得上充满传奇与姻缘了，而看这本书的文字，再结合着他们的人生历程细细品味，其间的相濡以沫、相敬如宾、相携相扶，都让我们羡慕不已。更令人感动的是，李欧梵和妻子彼此都深刻知道晚年相遇的珍贵，今天可以相依相爱的生活，来自前半生种种命运的落差，正是因为有这

差一点就错过的幸福，所以他们对日常生活都有着深深的向往和
眷恋，常常流连于那些微不足道的生活细节，愿意"现世安稳，
岁月静好"。比如在他们看来，有时李欧梵在书房写文章，李玉莹
在卧房写文章，然后不约而同喊一声："老公"、"老婆"，就已经
是幸福。按照李欧梵的自述：

> 我和玉莹都是上了年纪的人，她虽看来年轻，天真无邪，
> 但过去的经验却比我苦得多。苦尽甘来之后，我们都知道，并
> 没有童话故事中所说的"they live happily ever after"那回事。
> 快乐像鲜花一样，是需要灌溉调养的，换成人，而且是过了半
> 百的夫妻更是如此。

遥想当年，李欧梵与李玉莹新婚之际，余英时教授曾以他们
两人的名字成诗以赠，转眼已经七年。浮生共度，缱绻绵长，那
些温润动人的光芒，已经隐藏在最简单质朴的生活底层，在流变
的平凡年代中，交织着他们不平凡的生命印记。真好。

> 欧风美雨几经年，一笑拈花出梵天。
> 烂漫余情人似玉，晶莹宵景月初圆。
> 香江歇浦双城恋，诗谷康桥两地缘。
> 法喜维摩今证果，伫看笔底起云烟。

巴黎，何以为巴黎

> 对每个人来说，我们时代的巴黎，就是他的巴黎，比起帝
> 国时代来，也许今天就更是如此。
>
> —— 奥斯曼

曾被本雅明赞誉为"19 世纪首都"的巴黎，到了 21 世纪的今天，依旧以摄人心魄的历史魅力，凝聚着人们对这座城市如梦又如幻的爱恋与向往。

然而，当世人纷纷贴上本雅明的标签，以都市漫游人的姿态流连于那些散发着破败气息的旧区街角，痴迷于帝国殿堂前的斑驳石道与雕像，深以为自己倒退回老欧洲文明的秩序中心时，《巴黎，现代性之都》（群学出版社，2007 年 5 月）一书的作者大卫·哈维（David Harvey）却将巴黎称为现代性的首都，并将其现代性的演变，推演至 19 世纪中叶的法兰西第二帝国。

巴黎，究竟是旧欧洲的象征，还是现代都会的典范？

1848 年 12 月，拿破仑的侄子路易·拿破仑·波拿巴利用当时军人和农民对拿破仑近乎迷信的崇拜心理，在总统选举中出人意料地获胜。1851 年 12 月 2 日，他发动政变，在"皇帝万岁"（Vive l'empereur）的呐喊声中建立起法兰西第二帝国，翌年自封为帝，

史称拿破仑三世。为了巩固自己的统治地位，拿破仑三世登基后的首要政策就是发动巴黎大改造。这位在本雅明眼中"受到命运眷顾而踌躇满志的人"，在整治巴黎的蓝图下雄心壮志，甚至多次亲临市政厅公开演讲，强调"我们将开辟新的道路，并且改善人口密集区和光线缺乏的问题，我们让阳光照射到全城每个角落，正如同真理之光启迪我们的心智一般"。

拿破仑三世的巴黎大改造不无道理，因为此时的巴黎，还是一座人口稠密、乌烟瘴气的中古城市，毫无耀眼而骄傲的帝国荣光。特别是在经历过几度革命和动荡之后，整个城市一贫如洗，显得疲惫而老旧，社会治安败坏，公共卫生也岌岌可危，排水系统又非常简陋，一旦下雨，路面立刻积水。而刚刚经历革命的巴黎市民，因饥饿、失业、过度劳动而向往着新的秩序与富裕。另外一层更为关键的动力，则是逼仄狭窄的街道和蜿蜒缠绕的环状路网，极易成为街头示威及起义时设置路障的天然壁垒。因此在拿破仑三世的计划里，改造的一个潜在目标，就是拓扩宽敞笔直的道路以使入城镇压市民起义的马队通行无阻，也便于炮击，因为"炮弹不懂得右转弯"。

在这样的背景之下，一场脱胎换骨的惊人转变开始在巴黎上演，而主导并执行这场大戏的，就是大卫·哈维笔下的灵魂人物——奥斯曼（Baron Georges-Eugène Haussmann, 1809–1891）。

生于 1809 年的奥斯曼，是一名土生土长的巴黎人，在被拿破仑三世这个"伯乐"发掘之前，他还仅仅是名巴黎市警察局局长。

1853 年，拿破仑三世将奥斯曼招至身边，任命他为塞纳－马恩省（Seine département）行政长官（préfet），负责改造并重建巴黎的重任。

在政府的全力支持之下，奥斯曼毫无阻碍地圈占被改造地区的商业用地，推倒传统居住区，将大批工人、手工业者、小商贩和小业主逐往郊区，并将拿破仑三世眼里那些街垒战和造反温床的核心地带，进行了彻底的都市空间改写。从 1853 年起到 1870 年第二帝国终结，巴黎共拆除了 2 万多栋建筑，修建了总长 137 公里的数条林荫大道（包括奥斯曼大道，这些两侧栽植了高大成片树木的大道成为日后世界所有首都和大都市道路建设的楷模）、总面积达 2 000 多公顷的公园和 9 座横跨塞纳－马恩省河的桥梁，3 200 盏瓦斯灯彻夜照亮着新建的主干道，不久，这样的灯泡又照亮了连接卢浮宫与各个住宅区的街道。经过奥斯曼的大刀阔斧，一个以大凯旋门为中心，贯穿东西南北的大型道路轴线以及两圈由内环路和外环路组成的环形道路系统落成，并由此奠定了现代巴黎交通的基本格局。

奥斯曼在改造巴黎的城市面貌之外，还对城市的辅助系统进行了大规模的修缮和扩建，为巴黎遗留下一副完整的现代都市骨骼。巴黎的排水污染问题一向令人棘手，为此，奥斯曼铺装了 800 公里长的给水管和 500 公里长的排水道，建立起一整套完善的供水和排污、排水系统。1854 年，奥斯曼又在市中心建设中央大菜场，成为当时整个欧洲地区独一无二的大型城市中央菜场，几乎满足了整个巴黎市区的蔬菜、水果、副食和肉类的供应，与此同时，总计570匹马拉动的公交马车也相继投入使用，城市公共交通得到改善。在他的领导下，巴黎还兴建了许多公共建筑，包括新的图书馆、法兰西美术学院，以及著名的巴黎歌剧院；大量的百货店、时装屋、餐馆和娱乐场所纷纷落成，一并形塑出今日巴黎独特的城市氛围。

奥斯曼巴黎城市改造的效果无疑是惊人的，根据意大利建筑学家本奈沃洛（Leonardo Benevolo）在《西方现代建筑史》（*History of Modern Architecture*）中的记载："在同一时期内，巴黎的人口从120万，几乎增长到200万；同时巴黎拆毁了约2.7万所旧住宅，新建了10万所新住宅；法国公民的平均收入约从2 500法郎增加到5 000法郎，巴黎小区的收入从20万法郎增加到200万法郎。"在数字的背后，巴黎脱胎换骨，从一个中世纪风貌的城镇，蜕变为一个现代都市，就像本奈沃洛所指出的："在一个相当短的时间里，在一个拥有百万人口的整个城市当中，一个技术和行政管理的综合规定第一次通盘形成并付诸实施。"

然而，虽然奥斯曼的巴黎改造是一项脱离中世纪风貌以实践现代城市理念的空间创举，但那种对旧巴黎毁灭性的拆毁却一直被后人所诟病。本雅明就抱怨过，认为奥斯曼的改建工程在巴黎人看来只是"拿破仑帝国主义的一个纪念碑"；流亡在外的雨果被问及是否怀念巴黎时，更是宣称"巴黎只是个概念"，除此之外，这个城市不过是一堆"利佛里大街（Rue de Rivoli），而我向来憎恶利佛里大街"。而在不少当代城市建筑师和历史学家（特别是法国的历史学家）看来，奥斯曼无疑是"粗暴地折断了巴黎历史"的刽子手。在他大刀式的挥砍之下，巴黎城市的多样性被迅速摧毁，社会结构遭到破坏，贫穷区域和富裕区域也被彻底分化。

不过，批评和指责之外，就连本雅明也不得不承认，奥斯曼的改建工程"使巴黎人疏离了自己的城市，开始意识到大都市的非人性质"。奥斯曼出现的时间点，正是 1848 年欧洲资产阶级革命爆发的历史当口。政治力配合着资产阶级利益，使得商业经济成为城市的驱动力量。那些本意用来镇压暴动与骚乱的大马路，成了展示资本的绝好地点。许多风雅的店面得以容身，琳琅满目的商品被煞有介事地摆放在明亮的橱窗里，原本匆匆路过的行人摇身一变、晋身为悠闲游逛的顾客，其结果，现代大众消费文化悄然兴起。

在这里，巴黎的变身过程，就是哈维所谓的"空间关系的转变"。在哈维看来，奥斯曼所主导的城市外在形态改造只是巴黎走向全面现代性的一个诱因，而真正的内因，乃是这些改变所带来的崭新的社会物质与社会影响。巴黎的新空间通过国家、金融资本与土地利益的重新分配，导致生产与劳动状况发生变化，从而诞生出新兴市场与消费主义。新的共同体与意识形态就此逐渐形成，并塑造出一个与旧巴黎断裂的新巴黎。

例如，在奥斯曼强迫巴黎走入现代之前，在文学领域有浪漫主义诗人与小说家，如谬塞、拉马丁、乔治·桑，之后则是严谨、精简而洗练的散文与诗歌，如福楼拜与波特莱尔。改造之前，整个社会盛行的是乌托邦主义与浪漫主义，之后则是现实的管理主义与社会主义；之前只有小作坊或店铺沿着弯曲狭小的街区巷弄开张，之后宽阔的大马路旁出现了巨大的百货公司与流行名品店，每家店面都有橱窗陈列商品，外面也有瓦斯灯照亮路面；之前所谓的制造业者只是散步各处的纯手工业者，之后绝大部分手工业则被机械或现代工作所取代；甚至，在奥斯曼动手改造之初，运水人在巴黎还是个十分重要的职业，但到了 1870 年，随着地下水道的完全铺设和自来水的普及，运水人几乎完全消失。

另一个例证来自美国学者马歇尔·伯曼（Marshall Berman），他在其代表著作《一切坚固的东西都烟消云散了：现代性体验》（*All That is Solid Melts Into Air: The Experience of Modernity*）中对巴黎忧郁气质的源头进行了一番有趣的探索。马歇尔认为，奥斯曼着力打造的林荫大道，是"19 世纪最为辉煌的都市发明，是传统城市的现代化进程中的决定性突破"，因为林荫大道，以及连绵而去的小广场、喷泉、雕塑、纪念碑，都为巴黎居民创造了一个开放的活动场所，促使他们更多地从生活中汲取艺术层面上的灵感。

"所谓历史，就是一个时代从另一个时代中发现的、值得关注的东西，"文艺复兴时期的瑞士艺术史学家雅各布·布克哈特（Jacob Burckhardt）如是说。从这层意义出发，哈维不仅指出了巴黎何以成为巴黎，更是在巴黎与现代性的辨证纠葛中，为我们认识现代性之都，如纽约、东京、香港，乃至上海和北京的城市改造与影响，提供了比照的重要视角。

陈之藩与胡适的故人旧事

　　陈之藩虽然是物理学家、哲学博士，但散文也很有名，出过散文集多种，以小书居多。如在美国宾夕法尼亚大学上学时写的《旅美小简》；在曼菲斯教书时写的《在春风里》；在英国剑桥大学时写的《剑河倒影》；在香港前后写的《一星如月》；在台湾及波士顿大学所写的《时空之海》等。据说台湾的中学生没有人不知道陈之藩的，因为他的《谢天》、《失根的兰花》等多篇散文，长期被收录在语文教科书中，早已经成为脍炙人口的名篇，是多年来启蒙年轻学子对文学世界想象的必读文章。

　　余光中曾经在散文《尺素寸心》里说，陈之藩年轻时，求知若渴，频频和胡适、沈从文、金岳霖等学者书信往还，因此一度被梁实秋戏称为"man of letters"（文人）。而这种求知的欲望，脱离不开时代的大环境。当时的中国，正处于一个动乱的年代中，青年人，特别是在大学里接受教育的青年们，所遭遇到的思想上的困厄和彷徨，往往无处寻求解答，只能自己在摸索中前进。有的人就此热衷于谈"交心的小组会"，有的人"以快乐来适应苦闷的潮流"，还有的人，譬如陈之藩，则主动去认识周遭世界的形态，提出心中的困惑和煎熬，并记录下来，向当世的学者请教。

　　《大学时代给胡适的信》（牛津大学出版社，2005 年 6 月）正是在此背景之下诞生。该书收录了 1947 年至 1948 年陈之藩写给胡适的十三封信。胡适当时是北京大学的校长，而陈之藩则是天津北洋大学电机系三、四年级的学生。1947 年 8 月，胡适作了一次广播讲演，题目为《眼前文化的动向》，并在演讲中提出了人生的三个目标：一是用科学成果解除人生苦痛；二是用社会化的经济制度来提高生活水平；三是用民主化的政治制度来解放思想，完成独立人格。在听完这次广播讲演后，年轻的陈之藩产生了"几件疑问和一点感想"，遂提笔写了封长信向胡适请教，并根据胡适所论述的三大目标提出了自己的看法（遗憾的是，书中收录的这封信残缺不完，完整版本"不知是什么原因，总之是丢了"）。

这封长信虽然未得到胡适的直接回复，却在他随后于全国四十多家日报上发表的《我们必须选择我们应走的方向》一文中，作为听者就其演讲的回应专门摘引了出来。陈之藩在读到这篇文章后，提笔又给胡适写了第二封信（1948 年 2 月 28 日），在信的开头剖白道：

> 我曾给你写了一篇万言书，现在想起来我当时竟那么勇敢，又那么可笑，我当时的思想搅成一团，写出来自然是乱七八糟。以这种文章来搅你严肃工作的时间，我事后都感觉有些惭愧，而且有些忏悔。

紧接着，陈之藩自陈道：

我愿意提起勇气来说出我这半年来思想上的演变。在这
里，我愿再写给思想的医师，好在一条乱丝中找一条道路。

这一次，胡适很快就回复了陈之藩，并在信中告诫，青年一
代认识眼前的世界需要培养自己独立的思考与判断，"我很高兴地
读你半年来思想的经过。我很佩服你能保存一颗虚而能受的心，
那是一切知识思想进步的源头。思想切不可变成宗教；变成了宗
教，就不会虚而能受了，就不思想了。"胡适在信中提出，"'善未
易明，理未易察'就是承认问题原来不是那么简单容易"，这两句
话，"真是医治武断与幼稚病的一剂圣药"（此信写于 1948 年 3 月
3 日，并未收录在此书中，但部分文句可在陈之藩的信中见到。按
照胡适自述，"我那篇《我们必须选择我们应走的方向》，是答你
的信"）。

1948 年 3 月 17 日，陈之藩在给胡适的回信中，将"善未易明，
理未易察"这八个字，譬喻为"如慷慨苍凉的节拍奏在生命秋天
的柔曲上"。陈之藩由是盼望胡适在这个艰难的历史时刻"集中精
力给国人治病"：青年人行为的固执病、执政者的派系病、国人的
懒惰病与姑息病、世人的盲从病、思想上的虚弱病。他认为"治
病救人"才是胡适这位思想导师当前着手救国的唯一途径，他也
深深感叹：胡适生在这样的一个国家里，这样一个过渡时代，"任
务太艰巨了"！

就这样一来二去，陈之藩开始了他与胡适之间的通信，彼此

经常下笔"过几千言",并从此成为胡适的忘年小友。两人书信的内容,由读书时的趣事,到国家的前途兴亡,以至"形而上学"的哲学话题,无所不谈,字里行间让人感受到那个时代青年的热血与无奈,以及一名后辈与大学者之间的相知相惜之情。作者在写于 2003 年 7 月的此书后记里回忆道:

> 彼此的通信就这样开始了。他几乎每信都复我,有时很短,有时也相当长……他的诚恳与和蔼,从每封信我都可以感觉到。所以我很爱给他写信,总是有话可谈;因为与我的同班,几乎无话可谈。

在书中经常可以看到这样的句子,是胡适的回信给年轻的陈之藩所带来的心灵上的影响和思想上的升华,"当罗曼·罗兰读到了托翁的信后,而决定了他毕生的路程;而甘地读过了托翁的信因而发扬了旷古未达的道德力量。我这样的比拟是太不自量的,这只是说明你的教育对我的影响的剧烈"(1948 年 3 月 6 日),"一个年轻的人去理解一个通博哲者的心,岂不是如一个孩子看着湖面的影子去理解湖水一样"(1948 年 3 月 17 日),"在报纸上看过先生的演讲,心中是一种不能形容的快活。一种刺人的光芒,使人在暗中感到振奋"(1948 年 6 月 7 日)。因此作者在后记中形容:"与胡适之先生的故事有很多,零零散散的写在我的散文里。算是朋友吗?又不是太谈得来;不是朋友吗?他实际上改变了我的命运。"

　　在和胡适通了几次信之后，陈之藩曾到当时的北平东厂胡同和胡适见过一次面。那时候是1948年的夏天，他穿着短裤就去了，刚刚聊了一会，时任北京大学训导长的贺麟来了，要跟胡适商量学生闹学潮的事，"于是只好匆匆结束谈话，告辞离去"，改日再寻拜访。当时陈之藩即届毕业，北洋大学屡次发函催其接受学校的派遣，前往台湾南部高雄的台湾碱业公司工作，"不负责任，不明道义，训练了四年当用时却走了"。当时身处北京的陈之藩虽然"心中挤满了话，要跟先生说"，但又不能不肩负学子报国的道义，只能启程踏上南下台湾的邮轮，继续以书信形式和胡适保持联系。

　　"给您写信，大概也有瘾，您也不必回我，因为我不吐不快"（陈之藩语），"千万写信给我，你的信总是最欢迎的，是我最爱读的"（胡适语）。陈之藩与胡适的故人旧事，就在这一封封书信的来鸿去雁中越酿越醇厚。难怪也常与陈之藩有通信的董桥曾经总结过，当代深刻认识胡适其人者是他晚年的秘书胡颂平，深刻认识胡适学术思想者是余英时，而深刻认识胡适性情和趣味者，则是陈之藩了。后来胡适1962年在台湾逝世的时候，远在美国任教的陈之藩含泪连写了九篇纪念胡适的文章，深情地回忆："并不是我偏爱他，没有人不爱春风的，没有人在春风中不陶醉的。"那个时候的陈之藩最为悲痛的，大概就是自己无论写多少的信，那位1947年夏天给北洋大学电机系一名初生牛犊的年轻学子起笔回信的胡适先生，已经无法再读到了。

天安门前的中国知识分子

寓"外安内和，长治久安"之意的天安门，始建于明永乐十五年（1417）。在 1912 年中国最后一个封建王朝灰飞烟灭之前，天安门一直牢牢守卫着故宫的南面通道，皇权的神圣与威仪穿越此门而向四方播扬。1912 年之后，随着两千年封建帝制的结束，天安门又成了 20 世纪中国革命的见证。在它的面前，时间凝聚成一个个焦点，1912、1919、1926、1935、1949、1976，运动、示威、游行、集会、典礼，这些与中国革命和中国历史息息相关的重大事件夹杂着血腥和棍棒，以喜剧、悲剧的方式交替上演。天安门就像一个百年大舞台，扮演着近现代中国历史上一幕又一幕的政治话剧。而与此相连的，便是中国知识分子的坎坷命运和不懈抗争。如何将静态的天安门与动态的中国知识分子身世浮沉相互结合，去折射出中国革命运动潮起潮落的变迁历程，是一个难以实践同时又为众多的历史叙述者所孜孜以求的梦。

这本由美国著名汉学家史景迁（Jonathan D. Spence）所写就的《天安门：中国的知识分子与革命》（*The Gate of Heavenly Peace: The Chinese and Their Revolution*，时报文化，2007 年 1 月）正是借助"天安门"这一深蕴文化与政治含义的概念性符号，通过描述一批有勇气和承担的中国人寻求富强中国的故事为主线，带领读者进入到 1895 年到 1980 年间剧烈变动的中国历史长河之中。本书的英文名字是"The Chinese and Their Revolution"（中国人和他们的革命），但所谓的"中国人"显然是经过精心挑选的，某种程度上，中译本的名字"中国的知识分子和革命"，更契合该书的主旨。史景迁除了只用少量笔墨描绘孙中山和陈独秀外，其他左右近代中国历史的政治领袖人物如蒋介石、毛泽东、周恩来等，都不在叙述范围；那些被历史唯物主义者视为推动历史进步根本动力的"人民群众"，也不是他关注的对象。相反，书中的"中国人"都是某种形式的知识分子，如康有为、梁启超、秋瑾、鲁迅、徐志摩、瞿秋白、丁玲、老舍、闻一多等。在他们起落沉浮的人生故事中，史景迁展开了他笔下的中国近现代革命话语。

史景迁的英文名翻译成中文应该是乔纳森·斯宾塞，但是像其他汉学家一样，史景迁也为自己取了一个中文名，"景迁"二字，正含"景仰司马迁"之意。作为美国汉学界中大师级的人物，史景迁在历史塑造现代中国所扮演的角色方面有详尽的写作，是在美国少数能使专业历史著作成为畅销书的作者之一，因此而与孔飞力（Alden Kuhn）、魏斐德（Frederic Wakeman，Jr.）一道被称为费正清（John King Fairbank）之后的"汉学三杰"。

在这三杰中，孔飞力以方法和视角著称，魏斐德以选题和史料取胜，史景迁则以叙事和文笔见长。他的作品往往以司马迁的叙事式史学风格为追求，以讲故事一般的方式，通过描述那些著名的或默默无闻的历史人物在身处历史事件过程中情感与道德、

生活与理想、欲望与沉沦之间的内在联系，还原出宏大历史事件
的原貌。他的这种"平民视角"和"人文情结"，使得他在众多历
史学家中显得卓尔不群。台湾历史学家许倬云就曾这么形容过史
景迁：给他一本电话簿，他可以从第一页的人名开始编故事，编
到最后一个人名。史景迁当然不曾写过这么一本"电话簿当代
史"，但是从许倬云教授的比喻中，不难了解史景迁说故事的功力
是如何高超。

　　对史景迁这种讲述历史的"野路子"做法，美国的史学界也
有不同的看法，据说钱锺书在 20 世纪 80 年代初访问耶鲁时，曾
在私下戏称史景迁是一个"失败的小说家"，虽是戏谑之言，钱锺
书话语中的褒贬，还是灿然可见。然而，这种说故事的能力，却
是成为优秀史学家的必要条件之一，也往往是一种天分。史景迁
优美的文笔和状物写景的深湛功力，使得他的作品充满了艺术作
品的气质。按照他自己的说法：

　　　　我写的不是"历史小说"（historical novel），即编造出来的
　　故事（fiction）。我只是"将历史写得像小说"（writing history
　　so that it reads like a novel），务求以最活泼生动的方式来写历
　　史而已。关于中国的史料是如此之多，足以让我创做出非常复
　　杂的叙事形式（narrative form）。

　　史景迁在《天安门》一书中，就充分发挥了他擅长说故事的

本领，从 1895 年康有为登上归国的轮船开始，到 1978 年北岛的诗作结束，前后跨越戊戌变法、五四运动、新中国成立、"文化大革命"和改革开放等重要历史阶段。这其中，康有为、鲁迅、丁玲成为贯穿全书的叙述主线，他们的人生，在某种程度上成了作者时段划分的重要标志；早期的革命英雄秋瑾，军阀世界里的小兵沈从文，青年马克思主义者瞿秋白，濡染欧风美雨的诗人徐志摩和闻一多，讽刺小说家老舍这六人也横插在各个不同的阶段，构成了全书的支线。在主线和支线交错之中，还有包括邹容、梁启超、蔡元培、陈独秀、李大钊、郭沫若、茅盾、林徽因、胡风等在内的相关人物登场，从而全景式地勾勒出中国近百年来糅杂思想、统治方式和情感革命的历史画卷，以及中国知识分子在回应时代危机时所迸发出的勇气和脆弱、理想和矛盾、坚守和痛苦。

全书三位主要人物的生命历程，是史景迁叙事框架下的重点。第一位硕儒康有为，"公车上书"的士人首领，戊戌变法的推动者，是 19 世纪末清朝激进改良的代言人。他在政治挫败、流亡海外之后，潜心追索乌托邦的大同世界，聊以抚慰心中的悲痛。当康有为在 1927 年辞世，时值共产党为争夺农民起义和城市工人罢工的领导权，与国民党展开第一轮的大对决。第二位中国的脊梁鲁迅，他青年时代负笈东瀛学医，由看幻灯片而引发对中国人麻木的"看客心态"之愤怒，进而弃医从文，成为 20 世纪 20 年代时代和社会最有力的批判者，为中国失落的憧憬发声。当鲁迅在 1936 年殒逝时，共产党正遭逢国民党的重创，随后经由万里长征远抵贫瘠的中国西北保续革命的火种，而日本的侵华行动亦蓄势待发。第三位女权者和革命者丁玲，在清朝覆亡之后，年轻的她曾为妇女解放高呼过，是积极的社会活动者和文学家。但在新中国建立后，知识分子的个性在政治重压下被磨平。丁玲屈服了，从此再也写不出如《三八节有感》、《在医院里》这样的文字，甚至为了保持"政治正确"，也不得不以落井下石之举以求自保，但仍难以逃脱被收监和流放的命运，直至 1979 年由时任副总理的邓小平平反之后才得以重返岗位。这三位主人公各自寻求解救道路的命运，便是史景迁所强调的：

> 明知危险可期，仍然采取某些政治行动的义无反顾；当希望庶几渺然也不动摇的决心；投身于分崩离析、惨绝人寰的世界奋力求生，那纯然的活力与冒险犯难的精神。

也许是基于一种原始的排外心态，对于研究汉学的外国学者，中国人常常会不由自主地流露出一种瞧不起人的态度。"难道你作为老外，会比我们更了解祖国的历史？"虽然不可否认的是，西方人看中国，总是隔着一层无法掩蔽的镜片，一种综合了血缘、文化与政治的生命感受。即便是那些在中国生活多年，融入中国人琐屑世俗经验中的西方汉学大师，也无法从血液和骨髓中真正拥有中国的历史感。

比如在《天安门》这本书中，史景迁在描述中国知识分子与中国革命时，在几个重要问题上的解读就存在着一定缺陷。首先，全书虽以"天安门"为总标题，以天安门来象征中国革命，但书中对天安门本身的描写次数却少之又少，对天安门与中国革命之间复杂微妙的关系，也没有更多的叙述与说明；其次，史景迁对中国知识分子的精神刻画缺乏"身临其境"的认知，他对鲁迅的性格剖析稍显浅薄，对徐志摩的探察也未能入其心魂，并且最令人遗憾的是，史景迁在摹画中国知识分子的时候，并没有写到胡适。这位20世纪中国现代知识分子的代表，对中国思想文化的进程具有重要影响，如若遗漏了他，"中国的知识分子与革命"这样的叙述就会不完整。

瑕不掩瑜。作为一名旁观者，史景迁可以无拘无束地在浩瀚的历史文献中，搜索未为人注意的线索，再通过崭新的角度重新审视我们自以为很熟悉的中国历史。还是国内著名比较文学专家乐黛云说得好，用一种文化去解读另一种文化时很容易有"误解"，"误解"不一定符合被看一方的本来面目，但能开拓人的思想。她特别强调："史景迁的主要贡献是，启发不同文化要互看，从而造成一种张力。自己看自己，比较封闭。我看你，与你看你自己是不一样的。"

有了这样的心态，《天安门》中上述种种在我们看来的缺陷，也就无足轻重，无损于作品的整体价值了。在这本书中，史景迁仅仅通过描写形形色色的知识分子在大变动中的思想、文字和行动，便在不经意间串联起了1895年到1980年近百年中国波诡云谲、风云变幻的曲折史。单是这份自然从容的手法，就不是中国的寻常史家们可以比肩的。从这层意义出发，这本书确实无愧费正清的赞誉，是"西方中国研究的里程碑"。

在新野蛮时代寻找文明

有些书，如果没有导读，就最好不要轻易读下去；还有些书，即便有导读推荐，却多半角同广告或友情赞助。一个作者出了书，出版商就会找知名人士写个简单的书介，宣传的意义大过阅读的意义；再有些书，虽然导读做的专业尽责，可却站在小众的立场上走精英路线，原本是要扮演书和读者中介桥梁作用的，结果却演化成了一个丑角，普通大众面对这样晦涩艰深的书评，反而会被吓到，对原书也敬而远之。

因此，从这层意义出发，一篇具有公信力的书评、书介或导读，是以读者为考虑，帮助他们打开一本好书的钥匙，是批判式阅读和创造式阅读的先决条件。而一位称职的书评人，必然是良心与理性的代言人。他们以公共视角为标准，难的书浅写，让人敢于接近；浅的书则深写，让人多一点反思空间。

这本《新野蛮时代》（联合文学出版社，2006年7月），就是这样一本由称职书评人写就的深具公信力的书籍推荐、评论之合集。全书分为三辑，共收录了32篇书评或导读，每一辑都围绕着一个大主题展开叙述，或政经，或思想，或文学。作者在深入浅出、纵横捭阖的同时，亦喜欢把同一主题的新书加以对比总评，比较优劣得失，让读者准确把握原作品的本意之外，又能增广知识的宽度。

在第一辑"关于政治、经济、趋势"相关作品的导读中，作者借由评论法国巴黎大学教授阿胥咯（Gilbert Achcar）代表作《野蛮的下一个社会》（*The Clash of Barbarisms*），指出我们目前所生活的世界，正处于一个新野蛮的时代。全书取名为"新野蛮时代"，正是反映了作者对当下时代的忧思。

野蛮时代的说法，出自于与达尔文齐名的 19 世纪美国人类学家摩尔根（Lewis Henry Morgan）。他在 1877 年写就的巨著《古代社会》（*Ancient Society*）中，对野蛮与文明有过比较明确的划分。这本书的副题就是"人类从蒙昧时代经过野蛮时代到文明时代的发展过程研究"（Researches in the Lines of Human Progress from Savagery through Barbarism to Civilization）。他根据生产资料的进步，把人类社会的历史划分为蒙昧、野蛮与文明三个时期。摩尔根认为："人类必须先获得文明的一切要素，然后才能进入文明社会。"摩尔根的这种划分标准得到了恩格斯的赞同。恩格斯后来在其《家庭、私有制和国家的起源》（*The Origin of the Family, Private Property, and the State*）一书中认为：野蛮时代是人类学会经营畜牧业和农业的时期，是学会靠人类的活动来增加天然产物的时期，而文明时代则是人类学会"对天然物进一步加工的真正的工业和艺术生活的时期"。恩格斯根据摩尔根的学说，又进一步论述，文明时代的阶级社会是以地域和财产为基础的政治社会。

长久以来，人类一直都在为如何建立一个文明的社会而努力。英文"文明"（Civilization）一词来源于古希腊的"城邦"（City），城邦里的居民叫做"公民"(citizen)。在古城邦制社会中,有成熟的议会制管理、有受过教育的公民代表、有良好的社会秩序。希腊人因此认为,人类的发展方向都应该是城邦化(civilization),意即城邦化的人类社会就是文明的社会。柏拉图在其《理想国》中,提倡国家应当由哲学家来管理。于是,柏拉图设立了一个叫做"阿卡德米"(Academy)的学院,入口挂"不懂几何者不得入学"的匾,出口挂"能谈哲学者方可治国"的匾。柏拉图对国家之道的追求也就是希腊文明的体现。

然而文明和野蛮就像人和影子一样分不开。人类有趋向于文明的执着,可是历史却往往是由野蛮整体推动前行的,像民主、自由、宪政之类带有普世价值的资本主义文明得以传播撒种,就是受益于19世纪野蛮的大面积殖民运动。黑格尔对此有过一个定评:"恶是推动历史前进的第一动力。"但问题在于,在现今这个全球一体化、经济自由化的时代中,什么是文明,什么又是野蛮呢?

作者在书中指出,在目前这个早已进入文明社会的时代,全球民意或个别国家的民意,对统治者完全束手无策。统治者对民意的这种不屑,乃是一种否决了民主和民意价值的一意孤行,而这样的一意孤行,就是"野蛮的复辟",也就是新野蛮时代的来临。

在新野蛮时代之下,一方面,那些自称"文明"的国家,无时无刻不在展现种种野蛮的行径。对内,不择手段地摧残民众的人格,不择手段地限制内部人权和展开内部监控;对外,奉行只有强者的枪炮可以说话的国家原则,以统治者的利益决定什么生命是有价值的，什么生命是没有价值的。从这层意义出发，内政的新野蛮，不仅构建了外部新野蛮的基础，而且为国际行为上的不择手段提供了保证。

另一方面，就是人道胸襟和人文情怀在新野蛮面前的逐渐丢失。作者一直以来都坚信，人道精神与人文情怀，乃是一种必须透过深度阅读、深度思辨，始有可能形成的心灵态度和能力。然而遗憾的是，随着视讯媒体的普及，人们的阅读已经越发趋于图像化、平庸化。人们不仅阅读能力和意愿大幅减退，而且对深度阅读也欠缺了兴趣和热忱。其直接的后果，就是那些人类长期以来所积累的知识与教训，无法得到继承和发扬。大众人民也因此逐步放弃了主动和独立的判断，自然就很容易被不肖政客煽惑、歪曲、蒙骗，间接助长了统治者的骄横跋扈、野蛮堕落。

作者由此呼吁，只有读书，只有坚持读书，才可以在思想上启发人文的情怀，在人格上保证精神的自由，在道德上对抗野蛮的侵袭。当一个社会拥有自由理念的人越来越众多的时候，这个社会才可以真正算是文明的社会。32 篇书评，一部"新野蛮时代"，正是作者的苦衷和希冀。

本书的作者南方朔，这位按照台湾辈分划分属于"三年级生"的老新闻人，多年来除了担任多家报纸、杂志的主笔外，亦将自己的视野扩大到华文世界，用他的一支笔作为发声工具，评论文化、政治的演变，展示他的学问、文字和情怀。除此之外，他更是一位专业的读书人，他为书籍所撰写的导读已经超过 150 篇，名副其实地扮演起了知识分子与读者的中介人。他将自己在戏剧、人文、社会、政治等多方面的阅读经验和体会，通过自我的消化、反刍，然后变成评论，与普通大众沟通。作为有着巨大公信力和影响力的书评人，"南方朔"三个字，已经成为当下台湾社会评判一本书有没有阅读价值的标准。作为个人来说，这无疑是一个了不起的成就。

然而，在南方朔看来，这150多篇书评背后的阅读以及由此引发的延伸思考，才是最值得骄傲的。如他本人在这本书自序中所言：

> 受益于《纽约时报书评杂志》、《伦敦书评杂志》的那种文体……我的书籍导读写到现在，总有150本左右了，这等于有机会去深造这150本书，这使我能在阅读及写导读中加速知识的累积。除了自己受惠外，由于我写的导读不敢卖弄，还尚称实在，对读者或多或少有点帮助。

我有一次在台北敦化南路上的诚品书店购书时，就亲眼见到一位读者手拿一份南方朔做推荐的书单列表，有的放矢地在偌大书店里按图索"骥"。

什么时候，香港也可以诞生出这么一位"公共书评人"，透过他锐利的眸光，在这个新野蛮时代，为这座不读书的城市拨开迷雾，洞见一片文明的天地呢？

梁启超，文化启蒙的舆论骄子

19 世纪末至 20 世纪初期，梁启超被赞喻为"言论界之骄子"，中国舆论界的"执牛耳者"。他那中西汇融的理论、气势磅礴的议论、锋利感人的文笔，征服了一大批知识分子，也在某种程度上形塑了几代中国人的思维方式甚至话语系统。所谓"通邑大都，下至僻壤穷陬，无不知有新会梁氏者"。严复就曾经称梁启超为"自甲午以后，于报章文字，成绩为多，一纸风行，海内观听为之一耸"。

《新民丛报》是 1902 年至 1907 年间由梁启超在日本横滨所办的刊物，它对 20 世纪初中国的影响，远远超过一个政论报刊的范畴，几乎启蒙了一两个世代的知识青年。在此之前，梁启超曾经是上海《时务报》的主笔，宣传变法思想，在戊戌变法时期已崭露头角。1898 年戊戌政变后，他流亡至日本。在日本期间，他对西方、"西学"有了更多的了解和更加深入的认识，"稍能读东文，思想为之一变"（《三十自述》）。《新民丛报》创办的缘起，根据梁启超自己的说法，乃是鉴于中国此前的报纸，"非剿说陈言，则翻译外论，其记事繁简失宜，其编辑混杂无序，殆幼稚时代势固有不得不然者耶。本社同人有慨于是，创为此册。其果能有助于中国之进步与否，虽不敢自信，要亦中国报界中前此所未有矣"。梁启超进一步认为，政治制度的背后存在着一种更深广的文化支持，具体表现为国民素质或曰国民性。因此，他提出要改造"国民性"，造就"新民"，并以"中国之新民"作为自己的笔名，发表了约11万字的总题为《新民说》的系列文章，在《新民丛报》连载四年。自此，梁启超的思想开始由"政治"转向"启蒙"，一跃而成为近代中国最重要的启蒙思想家。

《新民丛报》在梁启超一生所办多种报纸中，是最为成功的，是他办报事业的巅峰之作。该报发行量最高达14 000份，且每册一出版，内地就有人一再翻印。据估计，大概每册要经过20人的阅读。正如许纪霖所言："中国的启蒙，非自五四起，实乃从《新民说》而始。五四的启蒙思想家们，无论是胡适、鲁迅，还是陈独秀、李大钊、毛泽东，在青年时代都接受过《新民说》的思想洗礼……《新民说》可以说是中国启蒙思想的处女地。"

《言论界之骄子》（中华书局，2005年6月）一书的作者周佳荣在20世纪80年代攻读博士期间，完成了《新民丛报》与20世纪中国思潮的研究，对梁启超有着深入的了解，并将其归结为"文化意识型的政治家"，或者"政治意向型的文化人"。因为：

> 他对民族和国家怀着抱负，对人类社会的整体发展有所寄望，我相信只有这一类型的历史人物，可以真正为后世引领前路。

全书共分成上下两部分。上篇记叙了《新民丛报》的刊行始末，并且通过论述《新民丛报》的内容和论旨，以及中国知识阶层对其接受程度和排拒原因，解答了新旧思想的交替、君主立宪论调与革命主张的对抗等问题；下篇则重点讨论《新民丛报》时期梁启超的政治思想，并分析了其时急时缓的思想转变的因由。该书附录中所收录的《梁启超的署名和笔名》、《梁启超生平大事年表》及《梁启超研究书目解题》，也均是研究梁启超不可或缺的重要参考。

在作者分析看来，《新民丛报》在维新国民、维新国家的主旨上，主要是从德育和智育入手，教育为主，政论为附。因此，从这点"以政论为附丛"出发，《新民丛报》在当时突破了逐渐趋于定型的政论报纸的格局，办成了一个并不局限于政治层面和派别见解的综合性报纸，一个百科全书式的杂志。它对于介绍东西方的新学理、新观点的努力，从来没有中断过，所设列的栏目，也包含图书、时局、史传、地理、教育、宗教、学术、财政、法律、小说、文苑等多方面，所以它的影响可以既不限于一个政见的派系，也超越出了政治、思想的范畴，而受到读者的欢迎。

值得注意的，对于《新民丛报》的评价问题，长期以来一直存在分歧。主流观点一般均从研究辛亥革命的角度出发作解读，认为该报纸与《清议报》一样，同是变法维新的余流，是保皇派的代表性刊物，虽然初期在传播新知识、新学说方面具有积极作用，对于革命思想的兴起有间接的帮助，但同时也是革命派的一大阻碍，"成为思想战线上革命派所面对的最危险的敌人"。对此，作者的看法是，对《新民丛报》及梁启超思想脉络的评价，必须还原到 1902 年至 1907 年间中国思想界急剧转变的大背景之中，"近代中国史上的政治运动一个接着一个，后者既为前者的继续，又同时为前者的反动；关键在于当时和后来都强烈判别每一个运动的正面或反面意义，例如从变法运动的出现而否定洋务运动，又从革命运动的出现而否定立宪运动，完全不顾及历史发展的复杂性和全面行，所以历史评价必然会有偏差"。

由是，作者将《新民丛报》划分为四个阶段，分别根据其阶段的特色和表现加以分析。1902 年为《新民丛报》的"激进期"，梁启超高举民族主义的旗帜，号召对外应付帝国主义的凌逼，对内抵抗清朝封建统治的压制。为了建设新国家、新民族，梁启超将破坏作为"古今万国求进步者独一无二不可逃避之公例"，而在破坏的种种方式之中，并不排除革命的可能性。为了更多地培育合格的中国国民，《新民丛报》在此阶段大量地引进了西方新鲜的理论、观点、标准和尺度，使读者在中国古圣昔贤之外，可以明了西方国家的思想和道理、原则和方法，因此应该给予其启蒙功劳高度的评价。1903 年初至 1904 年中为《新民丛报》的"还原期"，与梁启超关系较少。但其前半段承激烈言论之后，仍然深受读者欢迎，后半段则因梁启超游美归来，看到美国施行民主政治以后的许多弊病，"不禁冷水浇背，一旦尽失其所据，惶惶然不知何途之所从也"。"自悔功利之说、破坏之说足以误国"之后，言论从激进趋向温和，即不向往共和，也不放言革命。1904 年中至 1905 年底，为《新民丛报》的"定型期"，政论文章较少，学术文章开始占据主流。1905 年 8 月，孙中山等革命人士在日本东京成立了中国同盟会，同年 11 月 26 日，创办《民报》，并在创刊词中提出"民族、民权、民生"的三民主义。《民报》从一开始即针对《新民丛报》的民主立宪论点进行批判，宣扬排满革命，这直接促成了《新民丛报》从 1906 年至 1907 年对《民报》铺天盖地的激烈批评之"论战期"。当时梁启超的思想基础是坚决反对革命，推崇君主立宪，认为"今日所最要者，在使一国中大多数人知立宪，希望立宪，且相率以要求立宪"，并强调这是"唯一正当之手段，唯一正当之武器也"。由于革命是当时解救国家民族危亡的进步思潮，因此作为君宪派喉舌的《新民丛报》注定在争取民心归向方面落败，而《民报》也取而代之成为最畅销和最具影响力的报纸。1907 年 11 月，《新民丛报》停刊，君宪思想的时代亦宣告结束，革命派思潮正式成为中国言论界的主导。

整体而言，作者认为，梁启超在办立《新民丛报》这几年间前后互异的言论主张，正好反映出 20 世纪初中国思想界的大趋势。从历史发展的角度看，《新民丛报》前期代表的是进步力量，后期相对于落后保守的势力仍然有值得肯定的地方；从思想发展而言，《新民丛报》所展现出的思想学说之广阔，在当时罕有刊物可以匹敌，几乎可以说是新中国早期的知识源泉，是中国新知识青年的思想摇篮。而至于《新民丛报》在文化启蒙工作上的贡献，"并未随着 20 世纪的过去而失去其意义，时至今日，仍有待继承和发扬"。

对此，1912 年 11 月 10 日远在美国留学的胡适曾写道："梁

任公为吾国革命第一大功臣，其功在革新吾国之思想界。……使
无梁氏之笔，虽有百十孙中山、黄克强，岂能成功如此之速耶！"
胡适在《四十自述》中称赞："《新民说》诸篇给我开辟了一个新
世界，使我彻底相信中国之外还有很多高等的民族，很高等的文
明。"当时的很多青年，如鲁迅等人也都十分喜欢读梁启超的文
章，说梁氏的文章"能打动一般青年的心"。郭沫若在《回忆少
时》时曾说："二十年前的青少年——换句话说，就是当时的有产
阶级子弟——无论是赞成或反对，可以说没有一个没有受过他的
思想或文字的洗礼的。他是资产阶级革命时代的有力的代言者，
他的功绩实不在章太炎辈之下。"而在青年时代曾不问时事的辛亥
革命元老谭人凤也承认梁启超"启迪国人，功诚匪浅"。

梁启超无愧为中国"言论界之骄子"。

中国的道路和选择

进入 21 世纪以来，中国已经日益成为推动世界经济增长的一支重要力量。早在 1993 年 5 月 10 日，《时代》杂志就曾经用 14 篇文章热情洋溢地宣言中国将跃升为下一个世界强权。在中文媒体上，崛起的大国已经被心照不宣地默认为中国的现状，中国崛起改变世界格局的热情更是使国人热血沸腾，似乎一个属于中国的世纪已经变为唾手可得的现实。在官方的经济学界，乐观的声音也占据了主流。权威的中科院国情分析研究小组就曾预测，2020 年至 2030 年，中国的经济总量将达到世界第一；2040 年至 2050 年，人均 GDP 将达到目前发达国家的水平；21 世纪末，人均 GDP 和人均社会发展水平达到发达国家的水平，最后的结论就是，21 世纪将是中国兴起和腾飞的世纪。

诚然，中国漂亮的经济数据确实可以使那些后来居上的国家黯然失色，继而成为大国骄人的资本和崛起论调的有力支持。比如中国人均 GDP 在过去 25 年里一直维持着强劲的年增长率，在大量领域中的产品生产高居世界首位，外资企业直接投资远超过亚洲其他地区外资直接投资量的总和。更为重要的是，中国的"经济奇迹"也与绝对贫困（每天生活费用不超过 1 美元的人）的显著下降相一致。根据世界银行的测算，中国绝对贫困的数量已经从

1978 年的 2.5 亿下降到 2000 年的 3 000 万，创造了世界经济史上的一个奇迹。

与此同时，西方学者更多地将目光集中在中国崛起背后所暴露出的显著问题上，他们更想知道的是：能源、资源与环境容量能否支撑起一个中国世纪？扩大的贫富差距和社会分层矛盾是否会威胁中国的可持续发展？中国又能否建立起一个文明的现代经济？

《中国处在十字路口》（大风出版社，2006 年 11 月）一书，就是西方学者理性思考，全面审视中国社会和经济高速变化的杰出代表。该书的作者彼得·诺兰（Peter Nolan）是英国剑桥大学发展学委员会主席（Chair of the University of Cambridge's Development Studies Committee），长期专注于研究中国问题以及发展中国家的出路。他 1979 年跟随牛津大学代表团第一次访问中国，正是十一届三中全会确立"改革开放"大方针的第二年。

从与时任副总理的邓小平一次长谈中，彼得·诺兰惊奇地发现，这个刚从"文革"十年浩劫中走出来的国家，已经下定了决心摆脱过去对意识形态的过分纠缠，开始迈上一条借助于改革摸索发展的道路。随后，彼得·诺兰通过长达二十多年的跟踪研究，不仅见证了中国"摸索中前进"的成功，也同时敏锐地观察到中国在改革进程中所遭遇到的种种经济、政治和社会挑战。这些挑战包括大范围的贫困和迅速扩大的贫富差距以及所带来的不平等、不公正，正如亚当·斯密在《国富论》中所评论的那样："哪里有巨大的财富，哪里就有巨大的不平等。有一个巨富的人，同时至少必有 500 个穷人，少数人的富有，必定是以多数人的贫困为前提"；中国商业面临的全球商业革命的挑战、建立具有国际竞争力公司的努力正遭遇自主研发乏力的瓶颈；快速的工业化导致能源密集型工业高速扩张，对本已脆弱的环境施加了更大的压力。中国占据了全世界能源消耗增长中的 40%，是仅次于美国的全球第二大温室气体排放国，中国七大主要河系中约 60% 的水被鉴定为不适于人类饮用，世界上污染最严重的城市中有七座在中国。此外，国际关系重新定位中的政治角力，以及全面进入全球金融系统的危险等因素均严重威胁到中国未来的进一步发展。由于中国面对挑战的数量和强度都非常大，稍微走错一步，都极有可能付出沉痛的代价。由此，彼得·诺兰一针见血地指出，中国政治经济的发展已经抵达到一个十字路口，接下来，它将会走向何方呢？

　　在十字路口当中是无法停留的，要么向左转，要么向右转，要么转身往回走，再或者就是沿着它原来选择的那条道路一直往前走下去。在书中，彼得·诺兰花了大量笔墨重点讨论了中国发展方向的这四种不同观点。第一种观点认为中国在遵循资本原始积累的逻辑基础上，将会变成一种"规范的资本主义经济"；第二种观点认为中国应该实现"体制"的转变，用西方的民主制度解决当下的挑战，从而走上"美国之路"；第三派则是新左翼，他们倡导"退回到毛主义"，通过减少中国对国际贸易和资本流动的依赖解决矛盾；最后一派则坚持中国必须沿着它过去 20 多年所走的路继续走下去，"利用过去服务现在"。

　　然而，就中国在与全球经济加速一体化中日益增加的不平等前景来说，资本的残酷原始积累长远而言很难维持稳定，农村剩余劳动力的供应在未来十年可能会走向枯竭；中国政治经济体系的瓦解和全盘"美国化"将会导致"负发展"，不管是苏联、南斯拉夫，还是印度尼西亚的制度垮台，都给那些国家的人民带来了灾难性的后果；至于掉头退回到毛时代的集体主义经济，把自己孤立于国际经济和政治的主要趋势之外，只会产生无法控制的紧张局势和社会解体。

　　彼得·诺兰分析后指出，中国体制改革唯一明智的目标，就是"政府的改进，而不是政府的逃亡"。要使中国前进道路能够适应它所面临的挑战，就需要对市场进行创造性、非意识形态的国家干预。如果中国能够把全球化下市场运作的具体方法与源于中国古代的道德体系结合在一起，并维持这个"蛇与刺猬联姻"的良好运转，就可以解决许多市场不能独自解决的实际问题，并且提供一条稳定、具有社会凝聚力的前进之路。所以，处于十字路口的中国，它的选择可能为世界其他国家提供一座灯塔，从而促进全球的生存和可持续发展，这不仅对中国十分重要，而且关系到整个世界的命运。

中国崛起与新儒学
——复兴的省思

　　大国崛起，必须有强大的文化根基为后盾。然而纵观中国过去的发展历程，却多次出现批儒学、反传统的政治运动，并由此造成了严重的价值真空、信仰失落以及认同危机。其直接的结果，儒学在现实中的命运一度跌至最低谷。然而制度的儒家虽死，精神的儒家不灭。自从 20 世纪 90 年代以来，中国的现代化进程开始日益意识到文化传承的重要性，凸显出文化认同与寻找自我的大潮，呈现出儒学的复兴之势。

　　从 1919 年五四运动流行口号"打倒孔家店"到现今孔子学院全球开花，儒学地位似乎浴火重生，获致了新的生命，然而新儒学的历史处境如何？在当代中国能够发挥什么样的作用？它的复兴契机是什么，所面临的危机又是什么？它又该如何与全球伦理、生命伦理相互融合，带领世界走出当前文明冲突的困境呢？

　　对于这些问题，现代新儒学思潮的第三代学人，和哈佛大学杜维明、夏威夷大学成中英一同被喻为新儒家代表人物的刘述先教授，在这本《儒学的复兴》（天地图书，2007 年 1 月）中做出了全面探讨和解答。刘述先，现任东吴大学端木恺讲座教授、"中央研究院"中国文哲研究所研究员、台湾政治大学讲座教授。该书是作者应香港科技大学之邀，于 2006 年担任包玉刚杰出访问教授期间所编撰的一本文集，收录了其十多年来对当代新儒学的历史架构与文化省思。

根据刘述先的论述，现代新儒学产生于20世纪20年代初。"把现代新儒学看做是五四新文化运动的产物和这个运动的一个有机组成部分，在理论上和历史事实上还得到这样一个观点的支持，即无论在西方，还是在中国，保守主义、自由主义、激进主义总是作为一个不可分离的整体而大致同时出现的。……这三派思想家都有救亡图存的爱国主义激情，都力图向西方寻找真理，来解决中国经济、政治、文化的现实出路问题，而又都想避免已经暴露出来的西方文明的弊端。"1921年，在"德先生"和"赛先生"指引下，五四新文化运动正以雷霆万钧之势横扫被视为封建保守的儒家思想，儒学被人们看做是中国封建社会之所以没能产生科学和民主并深陷落后挨打之境地的罪魁祸首。在儒学传统与中国之精神联系行将被实证主义、人文主义等西方思潮割断之际，时任北京大学讲师的梁漱溟却出版了《东西文化及其哲学》一书，率先打出新孔学的大旗，公开倡导在现代社会复兴孔子儒家学说，在学界掀起轩然大波，现代新儒学由此诞生。此后不久爆发的科学与玄学的论战更使新儒家的基本理论立场进一步得到凸显，那就是以儒家所代表的人文精神来对抗为科学主义绝对化了的科学理性，以此作为新儒学的基本理论出发点。

现代新儒学思潮，就此以梁漱溟为起点，大体上经过了三代学人的发展。第一代学人有梁漱溟、熊十力、马一浮、张君劢、方东美、钱穆、冯友兰、贺麟等人，从五四运动起持续到 1949 年，广泛宣传新儒学的文化主张；第二代学人有唐君毅、牟宗三、徐复观等人，从 20 世纪 50 年代起持续到 70 年代末，其中心亦由大陆迁移到港台，主要围绕"传统与现代化"这一中心主题，建构出"本内圣心性之学开出科学、民主新外王"的学理规模；第三代学人有杜维明、刘述先、成中英、蔡仁厚等人，从 20 世纪 80 年代开始直至今日，以推广"文化中国"和搭建"世界伦理宣言"为主旨响应全球化变革之下的文明冲突。

现代新儒学之所以新，是相对于孔子创立的儒学和宋明理学而言，其使命是以接续儒家道统、复兴儒学为己任，力图以儒家学说为主体和本位来吸纳、融合西学，寻求中国社会出路的一种文化思潮。刘述先认为，中国文化问题是全面性的，道德宗教要求成就"善"，文学艺术要求成就"美"，科学真理要求成就"真"，民主要求妥善处理国家公共事务以及人民的权利和义务。这些都要求新儒学必须从头反省，一一成就。"在这样的情形下，中国传统的人文精神必须尽速恢复过来。我们必须紧紧把握住这样的精神，把它推展到全世界，这就是人类走向未来所能依赖的唯一的定盘针，绝对不可听其失坠，让四围的黑暗把它吞噬消灭。"

在刘述先看来，儒学的复兴不仅可以解除中国文化在现代所面临的危机，而且足以为西方文明补偏救弊。"援西入儒"一般被认为是现代新儒家在思想上的一个重要标志，在这里，刘述先认为，东西方文化并不需要在意见与题材上寻求一致，未来的世界不需要发展成为一个无差别的统一世界，恰恰是因为有不同文化的差异才能够构成一个丰富的世界文化宝库，经常诱发人们的灵感而导致文化的革新。但世界文化的多元开展并不意味着分崩离析，并不意味着一定互相排斥，恰好相反，多元开展正需要一种开放式的对话，需要谋求一种低限度的共识，以避免文明冲突的加剧。而且，现实的中国文化绝非理想，有其成就也有其限制，必须严加批判，才能脱胎换骨，走出当前的困境，这是中华民族自觉要做的一件大事。所以，新儒学必须"根据自己文化生命的命脉，来和西方希腊传统所开出的科学、哲学，以及西方由于各种因缘而开出的民主政治，来一个大的结合"。

此外，针对儒家价值与全球伦理、环境伦理、生命伦理的关系，刘述先也做了大量论述。1993 年，天主教背景的孔汉斯（Hans Kung）在世界宗教会议上起草了《世界伦理宣言》(*Declaration toward a Global Ethic*)，该宣言把包括孔子在内的世界上各文明、各宗教所提出的关于人性、人道的原则放到了重要的地位，提倡不同文明与文化传统之间展开对话。刘述先在这一背景下对当今这个"全球对话的时代"做出了自己的响应，他在阐扬儒家的"为己之学"及"仁义礼智"等核心价值观之现代意义的基础上，提出以宋儒"理一分殊"的睿识，来解决既尊重差别又平等互待的问题，并接通传统与现代、一元与多元。

在这个时代，我们只有回到孔子"和而不同"的体证，

"知其不可而为"的精神，才能把握一线希望，打破当前的僵局，不被恐怖主义绑架与帝国主义牵制，而祈向在弥漫的仇恨与偏见的扭曲之下开创新局，不要让人类与地球加速度地奔向毁灭的边缘。

当前，中国的崛起使得复兴儒学进入一个最好的时机，同时全球一体化对冲突与调和的平衡要求亦使得中国文化中"调和共存"的理念得以推广。可以说，无论儒学是否会在未来从边缘回返至中心地位，但至少可以肯定的是，对中国传统文化与价值认同的重建势必将为中国注入新的活力。

中国打工妹，迟到的呼唤

　　有着"世界工厂"之称的中国是全球制造业的中心，拥有着世界上最丰富最廉价的劳动力，所制造的产品几乎遍布世界每一个角落。基于追求利润最大化的原则，各国商家都乐于远赴内地设厂，尤其是不少国际品牌的产品，现今都十分依赖内地的劳动市场。全球资本的涌入，让不断加快的城市化进程和显著提高的城市生活水平成为人们最津津乐道的话题，然而日益加剧的社会分化以及对外来劳动力的剥削，却总是被轻视或者弱化：在"世界工厂"、"中国价格"的背后，是无数在高温机房里熬夜加班，在伤人于无形的空气与化学品中茫然赶工的中国女工。

　　为了深入了解全球化对内地女工的影响，并真实记录她们的工作情态和内心体验，这本书的作者，香港科技大学社会科学部的潘毅副教授，曾于 1995 年 11 月至 1996 年 6 月间，亲自以一名"打工者"的身份前往深圳一家港资电子厂调查。作为田野参与者而非旁观者，在这半年多的打工生活中，作者与女工们同吃，同睡，同上生产线辛劳工作，同在发工资后的当天怀着喜悦的心情外出购物。潘毅其后将她的经历写成《中国女工》（明报出版社，2007 年 2 月）一书，并凭借此书夺得社会科学界世界级权威的"美国 C. Wright Mills 2005 年最佳书籍"奖项。在书中，她尖锐地刻画出了中国女工们所承受的双重压迫，一方面是改革开放之后的新兴资产阶级，另一方面则是传统的父权制度，希望能因此唤起社会反省："全球化及资本主义，令我们在框架之内动弹不得，但中国一定要这样走下去吗？我想提出：社会是否有其他可能性？"

1979 年由汕头移居香港的潘毅，1993 年毕业于香港中文大学历史系。这一年，深圳玩具厂一场吞噬约 90 条人命的大火，深深触动了刚刚进入英国伦敦大学攻读人类学博士的作者，并激励她以内地工厂女工作为博士论文的研究对象。在 1995 年至 1996 年北上深圳"打工"之后，作者于 1996 年与志同道合的人士，在香港成立非牟利民间组织"女工关怀"，致力为深圳的劳工提供服务，保障工人，特别是女工的权益。

在作者的中国女工研究中，移民城市深圳一直是她的考察重点。作为中国改革开放的第一座经济开发区试点城市，深圳特区就是由外来人口在很短时间内建立起来的，它的腾飞处处留下了外来打工者的痕迹。在 1979 特区刚刚成立的时候，深圳不过是一个拥有 31 万人口的小镇，劳动人口不超过 3 万人。到了 1995 年，深圳人口已经达到 345 万人，劳动人口也猛增到 245 万人。到 2000 年底，其总人口和劳动人口分别达到了 433 万人和 309 万人。而从深圳的人口构成来看，约有 30% 的人属于常住居民，70% 的人属于暂住人口。这部分暂住人口没有正式的深圳户口，因此严格意义上说并不属于深圳人。根据 2000 年的统计，深圳的暂住人口达到 308 万，这个数字正好和深圳的劳动人口基本吻合，即意味着深圳的扩张是建立在暂住人口的流动基础之上，支撑城市发展的绝大部分劳动力都由来自农村地区的暂住人口承担。这其中，又有超过七成的外来工为年轻且未婚的女性，而在那些以出口加工业为主的工厂里，女性外来劳动人口的比例甚至达到九成之多。

以作者深入考察的"流星厂"为例，该厂的工人总数超过500人，绝大多数来自全国各地的农村地区，其中女性工人约占75%。所有工人的平均年龄虽然超过20岁，但在生产在线工作的女工年龄较小，平均只有16岁至18岁。

这些怀揣梦想和希望，背负辛酸和苦痛的中国女工，就是作者在全书中深入关怀和剖析的主角。她们另外一个更为大众所熟知的名字——打工妹，则来自于广东话的方言。"打工"两个字本身，已经诠释了她们从个体变成劳动主体的过程，并且决定了她们的劳动身份：她们不再是毛泽东时代拥有高度特权地位的"工人无产阶级"，也不再是"面朝黄土背朝天"从事传统农村家务劳动的"农民阶级"。"打工"意味着劳动者不再受到国家的保护，它只是临时性的工作，是会被任意解雇的劳动，并且无法享受到诸如住房、医保、教育等城市常住居民所享有的福利待遇。她们打工的唯一价值，就是为老板创造财富，为城市的兴旺添砖加瓦。

绝大部分打工妹在离开家乡之前就已经非常清楚，他们将会在条件恶劣的工厂里每天工作12个小时，每个月赚500—600元钱。她们知道工厂的老板不会仁慈，不会把她们当成平等的人来对待；她们知道工厂和农村的生活之间存在着巨大差异；她们知道将要出卖自己的劳动；她们知道会将会遭受人生从来没有遇过的委屈。她们几乎什么都知道。然而，她们背井离乡进入工厂打工的欲望和梦想又是如此强烈。除了被"外面的世界很精彩"所吸引之外，按照作者的分析，她们这种强烈的打工欲望至少来自两种诱惑，就仿佛一枚硬币的两面：一面是女性在工作与家庭之间的挣扎，另一面是城乡之间和工农之间的巨大不平等。当把这些打工妹们的人生轨迹放置于时代变革的大背景之中，以更加广阔的宏观视角去俯视时，我们可以很清晰地描画出一条城乡差别不断加剧的社会分化曲线，而曲线上的每一个拐点，都见证了无数打工妹逃离贫瘠的家乡农村，跑到城市改变生存状态的梦想追求。

而"妹"字更是复杂，代表的是她们的性别身份：一个打工妹既被困在一个随时可以被解雇、经常受到压榨的打工处境，同时又是个试图改变自己女性地位的主体，却最后不得不接受家人的催逼返回农村嫁人。一般说来，大多数打工妹到了二十五六岁的时候就会主动离开工厂，她们将自己生命中从 16 岁到 25 岁的黄金岁月贡献给了工厂，工厂则最大限度地榨取她们年轻的劳动力。数年如一日，每天 12 小时的繁重劳动使女工们的身体被累垮，思想被抽空，甚至必须得按规定服用工厂派发的避孕药以缩短生理周期，延长工作时间。而接下来的归宿，则正好遵循父权制家庭文化传统的预期和约束，回到农村结婚，生儿育女，为家庭贡献出她们的一生。

这些女工推动了中国经济的发展，却备受歧视、剥削，获取不到应有的待遇。她们的故事与体验、疼痛与煎熬、尖叫与梦魇交织在一起，正是她们在中国社会急剧重构的资本与文化的巨大压力下进行抗争的最真实形态。"面对社会张力及内在挣扎，她们根本没机会出声，唯有靠半夜尖叫、噩梦发泄；这段社会历史的背后，不知藏着多少创伤。"由此，作者把打工妹这个群体称为"失语者"。身为女性、身为农民、身为外出打工者，她们是游离在社会中的弱势边缘人，她们的声音也因此注定无法曝露在社会主流话语之中，注定被轻易地忽略和覆盖。

《中国女工》使我们看到，这些新兴打工阶级固然失语，但是仍有呼声。虽然她们今天的呼声在喧闹的城市中依旧弱小，少有人顾及，甚至给人以迟到的感觉，但迟到毕竟比没有好。她们开始表达和倾诉，她们在扩大的城乡差距之间，在加重的性别不平等之中产生了呼唤的欲望。这种欲望会叫她们碰到残酷的现实，但它也是一种抗争的动力，从前是抗争农村父权制度里的压抑与扭曲，现在是抗争都市资本制度里的压迫与不公。作者在最后一章所特写的一位名叫阿英的女工的尖叫，正是我们这个时代的尖叫，是对社会暴力与荒谬所爆发出的谴责之声。

解读华西村神话

　　对中国乡村进行系统性、学术性的实地考察和研究，最早发端于费孝通的《江村经济》。其后，社会学家和人类学家们都秉承这种"乡土调查"的社会学研究范式，对中国不同地域不同形态的农村集合体进行了大量真实而又富有成效的调查工作，比如曹锦清和张乐天的《黄河边的中国》，陈桂棣与吴春桃的《中国农民调查》。最新的，就是这本九访江苏华西村，在深入调查 414 户人家 1 681 人基础上写就的《中国第一村》（牛津大学出版社，2006年 5 月）。

　　华西村地处江苏无锡，在全国早已久负盛名。20 世纪 60 年代，它是"学大寨"的典型；70 年代末，举国皆谈包产分田的时候，它却坚持走集体主义；80 年代，它又成为发展乡镇企业和扶贫的样板村；在建设社会主义新农村的今天，它再次作为新农村建设的典范，被推广和宣传。自 1961 年建村发展至今，华西村已经由原来的纯农业小区自发转变为一个没有一分耕地、没有一个真正意义上的农民，却拥有 8 大公司 86 个企业、上万打工者的城镇工业小区。当年建村时，集体资产只有 2.5 万元，年人均分配收入仅 53 元，到 2005 年这一数字已经发生了天翻地覆的巨大变化，全村经济产值跃至 307.9 亿元，年人均分配收入更是升达 6.5 万元。

这种经济增长的奇迹，除了为华西村带来"中国第一村"的美誉外，也同时让所有人都惊叹和好奇于其转型背后所承载的内在推动力：在 40 多年的风雨变化中，华西村是如何成功地从农业化走向工业化，又是如何在全国农村响应包产到户的"小岗模式"下，坚守一条集体主义的文化道路？

对此，作者将这种内力诠释为"后集体主义"（post-collectivism），以区别于 1978 年改革之前的农村集体主义，以及 1978 年后出现的新集体主义。所谓"后集体主义"，是指在社会变迁中延续形成的一种"对人民公社时代集体主义的继承、消解和再造的整合体，既受传统农业、计划再分配体制的影响，又是现代工业和市场经济的结果"。这一概念被具体建构于华西村的实际经验上而言，后集体主义首先是一种小区形态，是由农业社会转向工业社会，由计划社会主义转向市场资本主义的共同产物；其次，后集体主义是一种社会结构，是在小区分化、异质和多元性格基础之上，依然追求并努力维护集体主义原则的高度整合社会。华西村所奉行的这种后集体主义村庄发展原则，不仅体现在村庄资产份额、领导和管理权等结构性要素上，比如确立了以老书记吴仁宝为权力核心的乡村家族秩序，而且作为一种纯粹的道理力量根深蒂固于村庄的习惯和各项规章制度之中，左右着村庄干部和普通村民的日常行为。

围绕着"后集体主义"这一叙事脉络，作者在理论框架层面上运用社会类型整合理论和市场转型整合理论，并辅以理性选择理论，层次分明地分析了华西村不断自我分化、整合、再分化、再整合的转型轨迹和道路。社会类型理论起源于 19 世纪末农业社会到工业社会的过渡时期，以社会学家杜尔凯姆、滕尼斯和韦伯为代表，是直接关注于社会结构整合的宏观理论；市场转型理论催生于 1978 年以来中国的现代化进程，是直接关注于转型经济中产权分化、权力分化和利益分化的中观理论；理性选择理论则更多地强调行动者的理性选择，是关注价值理性（追求社会主义集体富裕的精神理念）如何与工具理性（追求效益最大化的经济理念）权衡的微观理论。

从 1961 年到 2003 年之间，华西村完成了两种不同类型的转型：一是从农业小区转向工业小区，二是从计划经济转向市场经济。在这一过程中，分化和整合必然成为各种矛盾和权力相互交葛和纠缠的主体。在市场化、私有化、去集体化的大背景之中，华西村之所以可以做到持之以恒地维持村落人口主体、政治权威人物、集体所有制这三个基本要素不变，必然是"集体共同体整合的力量战胜使个体可能发生离散的村庄分化力量"的结果。

在这其中，作者详细分析了华西村集体与个体、整合与分化博弈的四个阶段。第一阶段，当全国兴起农村联产承包责任制的大潮时，华西村自发抵制了农业改革中的包产分田，主动选定发展集体工业生产，由此成功迈出了村庄经历的第一级整合：工业整合。第二阶段，因发展工业而经济富足之后的华西村，开始出现组织结构分化和社会阶层分化的危机，为了平衡村集团、部

门和个人利益之间的冲突和矛盾，华西村经历了村庄的第二级整
合：利益整合，人为制造了外来打工者、村民、一般村干部和村
权威领导者的社会阶级划分，以保证村庄小区共同体的整合。第
三阶段，当地位身份和经济关系的分层出现，就预示着不同阶层
之间价值观念、意识形态及生活方式等文化分化的危机。历来将
精神归属的统一视为重上之重的华西村，通过制定事无巨细、奖
惩明确的村规民约，约束并维护了村民对集体的忠诚，并由此构
建出村庄的第三级整合：制度整合。第四阶段，当带有专制集权
性质的体制难以维系所有成员共同拥有某种同样的意识形态时，
再一次分化的危机就不可避免。在面对迅速被私有化、全球化的
外部陌生世界时，村庄成员在不自觉中需要寻找值得信赖的庇护
所。正是如此，传统的家族政治开始成为华西村的支柱，并同时
力排市场不确定、系统整合失序等因素对集体的干扰，将集体政
权逐渐转入亲属能人的手中，并建立起村庄的第四级整合：权威
产权整合。

　　作者在此注意到，一次次在华西村上演的整合战胜分化的故
事，很大程度上得益于中国乡土社会所独有的家族政治道路。费
孝通最早用"差序格局"描绘了这种社会结构，并借助同心圆波
纹作比喻，将之形象地描述为"以'己'为中心，像石头投水般
和别人发生联系的社会关系，会似水波纹一般，一圈圈推出去，
由近推远，愈推愈薄"。他把中国人的精神理念设想成一组同心
圆：圆心是自我，外圈是亲朋和家庭关系，再外面是企业组织，

最外圈是社会。通过从外圈社会到核心自我的层层解剖，从而构建出一个以己、以家再以社会（或小区）、国家层层拓开的社会网络结构。

　　尽管华西村经历了历次政治运动和经济改革，费孝通所描绘的同心圆差序格局却一直持续存在：这就是"以吴仁宝为中心，从血亲、姻亲、自然村、本村、周边村再到外来打工者的层层控制、层层关乎的村庄泛家族控制秩序"。构建华西村家族政治道路的吴仁宝，历经 42 年风雨，非但没有一天失去权威，反而带领华西村创造出中国"首富村"的神话。而作为神话主角的他，在实现"权"（power）向"威"（authority）合法过渡的同时，也依靠自己的领袖魅力权威，成功实现了"行政共同体（家族组织）"、"村落共同体（村规民约）"以及"利益共同体（阶层结构）"的三大权威整合。

　　2003 年 7 月，华西村政权实现亲子交接，当时 76 岁的吴仁宝将"一把手"的令牌传递给他的四儿子——39 岁的吴协恩。华西村的故事，又该在时代的变迁潮流中如何演绎呢？华西村究竟是"一个历史的过客"抑或是"一个永久的例外"呢？作者提出这个疑问，并将此留给时间作解答。